antonio
gramsci

vozes da terra

escritos de 1916 a 1926

seleção e apresentação de marcos del roio
tradução de carlos nelson coutinho e rita coitinho

BOITEMPO

Direção-geral Ivana Jinkings
Edição Thais Rimkus
Coordenação de produção Livia Campos
Assistência editorial Marcela Sayuri
Tradução Carlos Nelson Coutinho e Rita Coitinho
Preparação Mariana Zanini
Revisão Gabriela Rocha
Capa Maikon Nery
Diagramação Antonio Kehl

Equipe de apoio Ana Slade, Artur Renzo, Davi Oliveira, Elaine Ramos, Frank de Oliveira, Frederico Indiani, Higor Alves, Isabella Meucci, Isabella Teixeira, Ivam Oliveira, Kim Doria, Luciana Capelli, Marina Valeriano, Marissol Robles, Maurício Barbosa, Pedro Davoglio, Raí Alves, Renata Carnajal, Tulio Candiotto, Uva Costriuba

CIP-BRASIL. CATALOGAÇÃO NA PUBLICAÇÃO
SINDICATO NACIONAL DOS EDITORES DE LIVROS, RJ

G773v
Gramsci, Antonio, 1891-1937
Vozes da terra / Antonio Gramsci ; [tradução Rita Coitinho, Carlos Nelson Coutinho]. - 1. ed. - São Paulo : Boitempo, 2023.
192 p. ; 21 cm. (Escritos gramscianos ; 4)

"Coletânea inédita de textos de Gramsci"
ISBN 978-65-5717-327-5

1. Gramsci, Antonio, 1891- 1937 - Visão política e social. 2. Ciência política - Filosofia. I. Coitinho, Rita. II. Coutinho, Carlos Nelson. III. Título. IV. Série.

23-86813 CDD: 320.01
CDU: 321.01

Gabriela Faray Ferreira Lopes - Bibliotecária - CRB-7/6643

Este livro compõe a trigésima sétima
caixa do clube Armas da crítica.

1ª edição: novembro de 2023

BOITEMPO
Jinkings Editores Associados Ltda.
Rua Pereira Leite, 373
05442-000 São Paulo SP
Tel.: (11) 3875-7250 | 3875-7285
editor@boitempoeditorial.com.br
boitempoeditorial.com.br | blogdaboitempo.com.br
facebook.com/boitempo | twitter.com/editoraboitempo
youtube.com/tvboitempo | instagram.com/boitempo

gramsci

SUMÁRIO

APRESENTAÇÃO

Marcos Del Roio

Ainda que se possa dizer que uma questão meridional exista desde a Antiguidade, quando a República Romana extrapolou seu território peninsular nas guerras contra o Épiro e contra Cartago, foi a invasão longobarda, no século VI d.C., a cindir em duas a trajetória histórica da Itália. Apenas com o *Risorgimento* do século XIX, que culminou na fundação do reino da Itália, logo após a anexação (*manu militari*) do reino de Nápoles pelo Piemonte, em 1861, a península voltou a se unificar.

Em meados do século XIX, o Norte assistia a um processo de industrialização razoável, mas o Sul se mantinha estagnado numa economia agrária de muito baixa produtividade, com características feudais persistentes. O *Risorgimento* foi a realização da revolução burguesa na Itália, uma revolução pelo alto ou uma revolução passiva, como Gramsci identificaria nos *Cadernos do cárcere**. Desde logo, o problema que se apresentou foram as péssimas condições de vida do campesinato meridional.

Mesmo antes da unificação, o problema da existência de duas regiões tão diferentes já existia no seio do reino piemontês. A zona continental – o Piemonte propriamente dito – se industrializava, mas a ilha da Sardenha era mantida no atraso e submetida a exploração. A falta de organização dos camponeses fazia que reagissem à desbragada exploração dos ricos e do Estado ao modo de

* Ed. bras.: *Cadernos do cárcere*, ed. e trad. Carlos Nelson Coutinho, 5. ed., Rio de Janeiro, Civilização Brasileira, 2010. (N. E.)

banditismo ou sublevação espontânea sem direção política. Tome-se como exemplo a insubordinação popular de 1906, que recebeu uma repressão bárbara por parte do Estado.

A unificação apenas ampliou essa dualidade para todo o Sul da Itália. A consciência da existência de uma questão meridional logo apareceu pela pena de alguns intelectuais liberais como Pasquale Villari[1] e Giustino Fortunato[2]. Por muito tempo, a esperança foi de que o governo tomasse providências para ao menos minorar as condições do *Mezzogiorno*, imerso na pobreza, na falta de infraestrutura mais elementar. Villari talvez tenha sido o primeiro a denunciar essa situação e a pedir que medidas fossem tomadas.

Mais tarde denunciado como reacionário por Gramsci no escrito de 1926 que ficou conhecido como "A questão meridional", na verdade Giustino Fortunato defendia a existência de uma monarquia burguesa ilustrada que providenciasse a solução do problema da pobreza meridional por meio de reformas na ordem fiscal do Estado, que sobretaxava o Sul em benefício do Norte. Os apelos ao Estado e à burguesia caíram no vazio, e Fortunato transformou-se num opositor do Estado italiano do modo que então se configurava. O liberalismo democrático do jovem Fortunato deu lugar ao pessimismo derivado de uma avaliação positivista da economia e sociedade do Sul, até mesmo com certo deslize para o racismo. De fato, a concepção racista

[1] Pasquale Villari nasceu em Nápoles, em 1827, e faleceu em Florença, noventa anos depois. Conhecido como o mais importante positivista italiano, foi influenciado pela abordagem historicista de Giambattista Vico (1668-1744) e Francesco de Sanctis (1817-1883) e pelo positivismo de John Stuart Mill (1806-1873). Em 1866, escreveu *La filosofia positiva e il metodo storico* [A filosofia positiva e o método histórico].

[2] Giustino Fortunato (1848-1932) nasceu em Basilicata, no Sul da Itália. Foi um importante meridionalista e político italiano. Junto de Pasquale Villari (1827-1917), Francesco Saverio Nitti (1868-1953) e Gaetano Salvemini (1873-1957), formou um grupo que refletiu sobre as contradições que não foram resolvidas no *Risorgimento*. Em "A questão meridional" e no *Caderno 19*, Gramsci reflete sobre Fortunato. Antonio Gramsci, *Cadernos do cárcere*, cit.

do problema meridional era bastante difundida e contou com autores influentes como Cesare Lombroso[3] e Giuseppe Sergi[4].

Uma vertente democrática e socialista abordou a questão meridional por um ângulo diferente: diante do bloco dominante formado pela burguesia industrial e os grandes proprietários agrários do Sul, ficou patente que as soluções seriam a república e a federação, além do sufrágio universal. Ettore Ciccotti[5] e Gaetano Salvemini[6] foram expoentes dessa linha que primeiro entendeu que a emancipação social e política se faria possível a partir das forças sociais exploradas do *Mezzogiorno*, quando buscada a aliança com o proletariado industrial do Norte. Em fins do século XIX, já se notava a proposição, na Itália, da aliança operário-camponesa.

A visão de Salvemini não encontrou guarida no Partido Socialista Italiano (PSI), já que este de algum modo se vinculou ao projeto do primeiro-ministro liberal Giovanni Giollitti[7], do bloco

[3] Cesare Lombroso (1835-1909) foi um importante psiquiatra e antropólogo italiano, fundador da etapa científica na criminologia. Em sua concepção havia uma relação entre o delito e o criminoso, bem como a existência de características morfológicas que descreveriam o que denominou "homem delinquente".

[4] Giuseppe Sergi (1841-1936) é conhecido como um dos principais expoentes da psicologia científica da Itália até início do século XX, com grande interesse sobre os povos mediterrâneos. Sergi foi muito influenciado pelas ciências experimentais, biologia e fisiologia e tornou-se professor de antropologia na Universidade de Roma em 1884.

[5] Ettore Ciccotti (1863-1939) foi um importante meridionalista, deputado e senador filiado ao Partido Socialista Italiano (PSI) e redator do jornal *Avanti!*. Durante a Primeira Guerra Mundial (1914-1918), manteve posição favorável à intervenção italiana e simpatizou com o fascismo a partir de 1922.

[6] Gaetano Salvemini (1873-1957): historiador e político italiano. Integrou o PSI. Em seus estudos, tratou do tema da aproximação entre a questão meridional e o socialismo, tendo sido um crítico do protecionismo dos operários da região Norte da Itália.

[7] Giovanni Giolitti (1842-1928), um dos líderes políticos mais importantes da Itália, foi primeiro-ministro e presidente do Conselho em cinco períodos, durante a monarquia liberal italiana. Gramsci faz referência a Giolitti diversas vezes nos *Cadernos do* cárcere, assim como em escritos anteriores à prisão fascista.

agrário-industrial, que beneficiaria a classe operária à custa de manter o campesinato na mesma situação de pobreza. Salvemini se afastou do PSI em 1908 e passou a defender uma democracia rural dentro de um estatuto federativo. O socialismo reformista de Filippo Turati[8], ao predominar no PSI, abriu espaço para a formação de um inorgânico movimento político de oposição identificado como sindicalismo revolucionário, influenciado por Georges Sorel[9] e que teve em Arturo Labriola[10] um nome de destaque na Itália. A revista *L'Unità*, fundada em 1911 por Salvemini, foi grande expressão do meridionalismo, que investia na formação de uma intelectualidade dedicada à educação política do campesinato.

GRAMSCI: DO *SARDISMO* AO MERIDIONALISMO

A vida de pobreza e seu desenvolvimento intelectual no período em que estudou em Cagliari aproximaram Antonio Gramsci do *sardismo* – ideologia que propugnava a independência da ilha –, mas também do socialismo, por influência do irmão Gennaro, sete anos mais velho e com quem dividia a habitação. Gramsci jamais abandonou seu vínculo com a cultura sarda, à qual atribuía grande valor e com a qual se identificava.

[8] Muito envolvido na fundação do PSI, em 1892, o reformista Filippo Turati (1857-1932), junto com sua companheira, Anna Kuliscioff (1857-1925), teve papel crucial para a organização do partido no movimento operário italiano. Em 1922, na segunda cisão do PSI, Turati fundou o Partido Socialista Unitário (PSU). Grande opositor do fascismo e do comunismo, Turati exilou-se na França a partir de 1926.

[9] Georges Eugène Sorel (1847-1922) foi um engenheiro francês, teórico do sindicalismo revolucionário, muito popular em seu país, na Itália e nos Estados Unidos.

[10] Arturo Labriola (1873-1959), italiano, foi economista e teórico do sindicalismo.

Meio século depois da unificação, em 1911, era fácil constatar que a discrepância entre Norte e Sul do país havia aumentado. A industrialização do Norte avançava, em grande medida graças à exploração de caráter colonial do *Mezzogiorno*, que permanecia na miséria. A fim de estudar na universidade, ainda em 1911 Gramsci chegava a Turim, vindo da Sardenha. Trazia na bagagem bons resquícios de *sardismo*, pois sua vida em Turim continuava miserável como em sua terra natal.

Gramsci dedicava-se aos estudos linguísticos, mas aos poucos se aproximou do PSI e da vida operária. Em 1913, em visita à Sardenha, participou do plebiscito em favor do sufrágio ampliado, ao lado dos socialistas intransigentes da ilha. Foi então que se vinculou de vez ao PSI. Gramsci manteve um meridionalismo muito próximo de Salvemini até seus primeiros escritos específicos sobre a questão, publicados em 1916, ainda que o historiador *pugliese* já houvesse se afastado do PSI. Gramsci percebeu como a Itália unificada estava dividida entre uma parte que, por meio das *comune*, havia gerado condições para o desenvolvimento do capitalismo e outra que se manteve estagnada, especificamente sob o domínio dos Bourbon.

A posição do PSI de proximidade com Giolitti e o bloco agrário industrial, que penalizava o *Mezzogiorno* e o campesinato, avizinhou Gramsci do sindicalismo revolucionário e mesmo do intervencionismo. Nota-se a presença do sindicalismo revolucionário em Gramsci ainda nos anos de *L'Ordine Nuovo* [A nova ordem]. Nesse momento, além de elogiar as intervenções de Arturo Labriola na Câmara dos Deputados ("O Sul e a guerra"), Gramsci dedicou-se a polemizar com a imprensa católica, que defendia os interesses das classes dominantes do campo ("Os clérigos e os agrários"). Com base em Salvemini, observou como as classes dirigentes do Sul tinham origem na pequena burguesia intelectualizada ("Cavalheiros"). Gramsci, contudo, se perguntava quanto os camponeses reconheciam o Estado burguês, eles que eram a reserva de todas as energias e de toda a riqueza. Questionava-se, ainda, sobre a consciência dos camponeses: seriam eles capazes de uma reconstrução socialista da sociedade ou estariam fincados no desejo da propriedade privada? Por fim, observou como persistiam entre os camponeses as tradições feudais ("Os camponeses e o Estado").

A Primeira Guerra Mundial agravou a dualidade territorial italiana, com ainda maior concentração da produção industrial no Norte e com a geração de uma séria crise alimentar, que se exprimia nos preços do pão. Gramsci seguia o mais de perto possível o desenrolar da Revolução Russa, de modo a perceber a importância decisiva do campesinato naqueles eventos históricos. Evidenciou como a guerra havia mudado a situação e a psicologia do campesinato na Rússia e em outras regiões da Europa, assim como na própria Itália. As condições feudais do campesinato, sua dispersão, sua dificuldade de se organizar coletivamente, sua forma ineficaz de rebelião, tudo foi mudado com a guerra. A disciplina e a solidariedade impostas pelo exército possibilitaram que na Rússia o camponês soldado se organizasse nos conselhos e fosse um sujeito da revolução socialista. Essa mesma possibilidade parecia agora aberta na Itália ("Operários e camponeses I").

Com a guerra, houve mudança no papel do Estado, que passou a regulamentar a produção e a distribuição de bens, o que beneficiou a indústria, mas também aguçou a contradição cidade/campo. Até então, o Estado burguês havia respeitado as formas feudais que regiam a economia agrária do *Mezzogiorno*. Nessas condições, o camponês estava submetido ao senhor da terra, a seu arbítrio, não à autoridade da lei do Estado. A guerra e a experiência militar teriam mudado essa situação também na Itália, criando condições para a realização da aliança operário-camponesa.

L'ORDINE NUOVO E A QUESTÃO MERIDIONAL

Em 1919, a revolução se espalhava pela Europa (e pelo mundo). A classe operária de Turim entrou nessa onda por meio da criação dos conselhos de fábrica. Simultaneamente, Gramsci e alguns antigos companheiros de universidade fundaram *L'Ordine Nuovo*, publicação semanal de cultura socialista que logo se proporia como porta-voz do movimento conselhista. A posição de Gramsci foi sempre insistir na importância da fábrica como fundamento do Estado operário que se projetava. Desde a produção era que se organizaria o poder político do proletariado. Um proletariado disciplinado e autodidata seria capaz de conduzir a Itália a um novo patamar civilizatório e de resolver o problema fundamental de atraso do *Mezzogiorno*.

Importante lembrar que o proletariado agrícola e o campesinato pobre compunham a maioria da massa trabalhadora, de modo que a aliança da classe operária com o campesinato era elemento essencial para a realização da revolução socialista, mas não deixava dúvida que a direção do processo revolucionário caberia ao proletariado de fábrica. Na fase revolucionária de 1919-1920, Gramsci escreveu três artigos com o mesmo título "Operários e camponeses", sinal da importância que atribuía a essa questão. Tampouco deixou de atentar à rebelião que grassava no mundo colonizado pelos europeus, numa primeira percepção de ampliação da questão meridional para além das fronteiras da Itália. Da Sardenha ao mundo colonial, era um salto gigantesco de aumento do foco ("A guerra das colônias").

Os conselhos seriam a forma de organização do Estado socialista, no qual a questão nacional se resolveria com a efetiva unificação. A questão meridional seria resolvida via industrialização da agricultura. Onde houvesse pequena propriedade, ela poderia ser mantida, mas Gramsci pensava no progresso técnico das empresas agrícolas existentes e sua administração por meio dos conselhos camponeses. A transformação industrial do campo demandaria o consenso dos camponeses organizados e disciplinados nos conselhos. Pensava ainda que a aproximação entre trabalhadores do campo e da cidade poderia ser facilitada pela presença recente de egressos do trabalho agrícola nas cidades industriais ("Operários e camponeses II").

Gramsci anotou como a vitória da revolução na Rússia só fora possível por causa da convergência dos interesses do movimento operário com a luta camponesa e pela decisão coletiva de organizar a nova ordem social em conselhos. Também na Itália "o controle da fábrica e a conquista da terra" deveriam constituir um problema único no objetivo de transformar a "nação em uma comunidade produtiva". Para Gramsci, já era bastante evidente como a questão meridional ocupava o cerne da questão nacional.

Da mesma maneira que a produção industrial deveria ser controlada pelos operários, a terra deveria ser controlada pelos trabalhadores agrícolas. No entanto, era importante explanar que a exigência de "terra aos camponeses" significava que as empresas agrícolas deveriam ser controladas pelos operários agrícolas por meio de conselhos. Gramsci denunciava a proposta de concessão ou mesmo invasão de terras incultas ou mal cultivadas como solução do problema agrário. Essa ação apenas criaria uma camada de pequenos agricultores sem financiamento, sem máquinas, sem água, que logo perderiam as terras e se tornariam marginais. A solução do problema agrário, insistia sempre, dependia da instauração da ditadura proletária, condição para que a classe operária do Norte pudesse empreender as medidas indispensáveis à industrialização da produção agrícola.

Gramsci constatou como a revolução vencera na Rússia porque o proletariado industrial conseguira apoio do partido camponês. O Partido Socialista Revolucionário representava o campesinato russo e era o partido mais forte do país. A vitória dos bolcheviques adveio depois que o partido do campesinato se dividiu e a esquerda se envolveu no projeto revolucionário. Na Alemanha e na Hungria, a revolução fora derrotada exatamente porque o campesinato não forjou uma ala de esquerda revolucionária. Sem dúvida, esse foi apenas um dos motivos do desbaratamento revolucionário na Europa naquela circunstância de enorme complexidade ("Operários e camponeses III").

A analogia com a Rússia, ou a tradução da situação russa para a Itália, fracassou. Gramsci investiu na renovação do PSI, ou seja, em fazer dele um partido inspirado no bolchevismo, mas isso não se mostrou possível. O PSI cresceu muito com a crise orgânica do pós-guerra, mas não se capacitou para dirigir uma revolução proletária – e isso por vários motivos, entre os quais a formação ideológica fincada num marxismo positivista e o vínculo estabelecido com a burguesia liberal. A ausência de um partido revolucionário foi crucial para a derrota do movimento dos conselhos de fábrica.

Gramsci também alimentou muita expectativa sobre a divisão do Partido Popular com a formação de uma ala de esquerda revolucionária. Tal qual o PSI, partido da classe operária, o Partido

Popular, do campesinato, preferiu defender a ordem social existente no cavalgar da crise. Partido do campesinato, mas também do clero, da hierarquia eclesial, manteve sua unidade, mesmo com a presença de pequena franja de esquerda. Os dois maiores partidos da Itália no período da crise foram incapazes de conduzir o país a algum porto seguro e permitiram a ascensão do movimento fascista. Gramsci já havia notado como a guerra criara uma área social disciplinada, não somente camponesa, mas também uma pequena burguesia urbana rancorosa, que entendia lutar pela restauração da ordem. Assim como o partido camponês não se dividiu, tampouco as forças repressivas do Estado o fizeram. Esse foi, em largas pinceladas, o cenário da derrota da revolução ou de sua impossibilidade.

O ECLIPSE DA QUESTÃO MERIDIONAL

Já em fins de 1920, Gramsci e o grupo de *L'Ordine Nuovo* haviam se juntado à fração comunista que se formara dentro do PSI e se preparava para a disputa do congresso partidário, que ocorreria em janeiro do ano seguinte. Na semana precedente ao congresso, Gramsci escreveu um artigo lapidar no jornal *L'Ordine Nuovo* destacando a grande relevância do evento. Um evento importante para a classe operária italiana, mas ainda mais amplo diante do caráter nacional/internacional dessa área social e do vínculo que estabeleceria com a Internacional Comunista (IC). Assim, a luta se voltava contra o capital industrial e financeiro na Itália e na Europa. Havia, no entanto, de se reconhecer que o capitalismo e o Estado italiano, em sua particularidade, encontraram sua linha de desenvolvimento por meio do assujeitamento do campo às cidades industriais, do Sul e centro da península ao Norte.

A questão agrária era, assim, uma relação da cidade com o campo circunvizinho, mas também um problema territorial que via a divisão do país em regiões, com a acentuada particularidade do *Mezzogiorno*.

Seria tarefa da classe operária completar o processo de unificação da Itália do ponto de vista econômico e cultural, algo que a burguesia não havia feito com o *Risorgimento*. Isso só seria possível, contudo, com a substituição do Estado burguês por um novo Estado a ser construído pela classe operária, que ao se emancipar libertaria também o conjunto das classes exploradas da Itália – o campesinato em primeiro lugar. Essa aliança entre operários e camponeses seria fundamental para a derrubada do Estado do capital e para a construção do Estado socialista.

A importância do Congresso de Livorno estaria essencialmente na demarcação da ruptura com aquela parte do PSI que respaldava o bloco agrário-industrial e, assim, atuava em favor da formação de uma aristocracia operária à custa do campesinato. Pelo contrário, o novo partido deveria se empenhar para selar a aliança operário-camponesa e identificar como inimigo o conjunto de classes que se agrupavam em torno da burguesia. A prioridade era garantir a cisão do reformismo e fundar um novo operador político da classe operária depois da derrota do movimento dos conselhos de fábrica. Esse objetivo, porém, obrigava que alianças e concessões fossem feitas considerando-se a limitação do grupo *L'Ordine Nuovo*, pequeno e circunscrito ao Piemonte ("O Congresso de Livorno").

Desde 1918, era Amadeo Bordiga[11] a conduzir a ala revolucionária do PSI e a perscrutar a fundação de um novo partido. Quando

[11] O napolitano Amadeo Bordiga (1889-1970) conduziu a ala revolucionária e abstencionista no PSI desde 1918 até o ano em que fundou o Partido Comunista da Itália (PCI), 1921. Um dos quadros políticos mais importantes da esquerda italiana, foi dirigente do PCI até 1923.

o partido – Partido Comunista da Itália (PCI) – foi enfim fundado, em janeiro de 1921, a concepção teórico-política de Bordiga prevaleceu amplamente. O grupo *L'Ordine Nuovo* estava virtualmente desfeito e pôde-se ver Umberto Terracini[12] e Palmiro Togliatti[13] bastante próximos de Bordiga. Arriscado dizer se Gramsci acatou a orientação de Bordiga por disciplina partidária ou por um momento de indefinição causado pela complexa situação do novo partido, pressionado pela ascensão do fascismo e pelo conflito com a IC.

A discussão dentro do recém-fundado PCI girava em torno das posições de Bordiga, que acentuava a necessidade da organização sindical dos camponeses e dos braçais sem-terra no contexto geral dos trabalhadores do campo. Para Giovanni Sanna[14], a questão agrária se identificava com a questão meridional, numa posição mais próxima daquela de Gramsci. O II Congresso do partido, realizado em março de 1922, não conseguiu oferecer perspectiva razoável para a questão agrária: faltava consenso sobre a tática e faltava clareza teórica. Logo depois do congresso, Bordiga expôs sua visão

Bordiga produziu grande quantidade de escritos durante os anos de militância no PSI até seu falecimento.

12 Umberto Terracini (1895-1983) nasceu em Gênova e mudou-se para Turim com a finalidade de cursar a faculdade de direito local; em 1913, filiou-se ao PSI. Amigo de Gramsci, foi membro fundador do periódico *L'Ordine Nuovo* (1919). Na fundação do PCI, esteve ao lado de Amadeo Bordiga e discursou sobre a necessidade da criação de um novo partido da classe operária. Em 1926, foi preso pela ditadura fascista e condenado a 22 anos de prisão. Em 1943, foi libertado pela resistência e, em 1946, tornou-se deputado eleito pela Assembleia Constituinte.

13 Palmiro Togliatti (1893-1964), nascido em Gênova, também se mudou para Turim a fim de cursar a universidade. Foi membro fundador de *L'Ordine Nuovo* com Gramsci, Terracini e Angelo Tasca (1892-1960). Passou grande parte da vida na Rússia e, em 1927, tornou-se dirigente do PCI, até morrer.

14 O sardo Giovanni Sanna (1819-1875) foi deputado por três mandatos no reino da Sardenha e também no reino da Itália. Comerciante na França, retornou à Itália e em 1870 fundou o Banco Agrícola Sardo (Banca Agricola Sarda).

de simplesmente negar a existência de uma questão meridional. A concepção abstrata que tinha do processo revolucionário diluía o conjunto dos trabalhadores e sua luta na questão sindical. O meridionalismo revolucionário havia se eclipsado.

Não era apenas em relação ao problema do *Mezzogiorno* que Gramsci divergia de Bordiga. O revolucionário napolitano sempre fora um crítico acerbo do movimento dos conselhos de fábrica. Para ele, esse movimento trazia aspectos de sindicalismo revolucionário, que debilitava a necessária luta sindical e a organização partidária na luta pelo poder do Estado. Para garantir o acordo para a fundação do PCI, Gramsci sentiu-se obrigado a fazer a (enorme) concessão de não mais argumentar em favor da estratégia conciliar.

Nessa concessão estava embutida outra da maior importância, que era a concepção de partido revolucionário. Bordiga concebia o partido como um órgão da classe operária, um instrumento composto por revolucionários, independente de origem social, que se esmeravam na educação e na organização da classe, orientando-a a agir segundo a ciência da história. Haveria muito a fazer, na medida em que o capitalismo se desenvolvia e fortalecia socialmente a classe operária à custa do enfraquecimento da pequena burguesia e do campesinato. Tal partido certamente teria bastante dificuldade em tecer alianças sociais e políticas.

Gramsci tinha uma visão bem diferente do partido revolucionário. O partido seria uma expressão da classe, seria uma organização emanada da parte da classe que conseguira se educar enquanto travava a luta de classes. Um partido que surge da classe, que está imerso na classe, que se alimenta da classe, mas que luta para organizá-la e educá-la. Esse seria um partido mais bem preparado para lutar pela unificação do proletariado e estabelecer alianças com outras camadas subalternas, o campesinato em particular.

Relacionada às questões meridional e camponesa estava a questão da frente única. Desde que a revolução socialista internacional havia sido derrotada, em 1921, a IC havia adotado a linha política da chamada frente única. Num primeiro momento, isso significava uma reaproximação dos comunistas com a social-democracia. A maior parte dos partidos comunistas havia surgido da cisão dos partidos social-democratas/socialistas na fase da ofensiva revolucionária.

Agora, com a derrota da revolução e com o capital tomando a ofensiva, era o momento de reagrupar as forças do movimento operário. As divergências sobre a aplicação dessa política sempre foram acentuadas, com oscilações sobre a aliança incluir as direções partidárias ou apenas as massas trabalhadoras vinculadas aos partidos, aos sindicatos ou mesmo ainda sem organização. Logo a noção de frente única passou a englobar a ideia de aliança operário-camponesa.

Para Bordiga, era aceitável apenas a tática da frente única sindical e inconcebível a ideia de fusão com o PSI, como desejava a IC. Como o PSI também era membro da Internacional, poderia parecer lógico que a fusão ocorresse e que isso fortaleceria a resistência antifascista. Angelo Tasca[15], um dos fundadores do jornal *L'Ordine Nuovo* – e que alimentava divergências importantes com Gramsci desde o movimento dos conselhos – acatou plenamente a decisão da IC. Gramsci, por sua vez, aceitou a política de frente única com as bases do PSI e a incorporação da fração socialista que acatava a orientação da IC de ruptura completa com a ala reformista. A persistente crise do PSI

[15] Angelo Tasca (1892-1960), grande amigo de Gramsci durante a juventude em Turim, auxiliou na fundação de *L'Ordine Nuovo* e do PCI. Nos anos 1921 e 1923 se envolveu em inúmeras polêmicas e conflitos com o novo grupo dirigente do partido, pois lutou para formalizar uma linha de direita no PCI e pela fusão com os socialistas. Foi perseguido pelo fascismo e se refugiou na França, escreveu o importante livro *Nascita e avvento del fascismo* [Nascimento e advento do fascismo]. Tasca foi expulso do PCI em 1930 e retornou ao PSI.

contribuiu para que essa manobra fosse bem-sucedida: em outubro de 1922, os reformistas foram expulsos do partido (e fundaram o Partido Socialista Unificado) e, em agosto de 1923, os chamados *terzini* (favoráveis à Terceira Internacional) foram excluídos da agremiação para logo aderirem ao PCI.

Acuado pela perseguição fascista e pela pressão da IC, o grupo dirigente congregado em torno de Bordiga não resistiu. Em junho de 1923, o Comitê Executivo da IC nomeou uma nova Comissão Executiva do PCI, que incluía a maioria bordiguista e também a minoria. Nesse mesmo encontro, foi aprovada a palavra de ordem de governo operário-camponês. Diante do risco iminente de colapso da experiência de fundação do PCI, Gramsci, com o apoio da IC, decidiu entabular a iniciativa de formar um novo grupo dirigente a partir do reagrupamento dos antigos membros de *L'Ordine Nuovo*.

FRENTE ÚNICA E CAMPESINATO

Depois de uma estadia de quase um ano em Moscou, Gramsci foi enviado a Viena, quando então desencadeou a movimentação para reaproximar os antigos camaradas do movimento turinês dos conselhos. Gramsci enviou diversas cartas expressando a necessidade de se afastar de Bordiga sem abraçar a posição de Tasca. Um novo caminho deveria ser traçado, o qual passaria pela agitação da palavra de ordem do governo operário-camponês e, de modo mais concreto, pela luta contra o reformismo da aristocracia operária, com a aliança entre o proletariado do Norte e o campesinato do Sul e das ilhas. Gramsci pensava mesmo na possibilidade de um levante armado no Sul do país diante da impossibilidade de uma solução burguesa para a questão meridional. Chegou a essa conclusão ao analisar as diferentes posições da burguesia setentrional e da pequena burguesia meridional: nenhuma dessas forças seria capaz de oferecer alternativa à opressão exacerbada que o fascismo instaurara.

Ainda instigado pela IC, Gramsci propôs a fundação de um novo órgão de imprensa com o nome de *L'Unità,* o qual serviria para sedimentar a união do PCI com os egressos do PSI, os chamados *terzini.* Não seria um periódico do PCI, mas da esquerda revolucionária, a dar atenção especial à questão meridional. A mudança de orientação política era completa, com Gramsci tendo aproveitado a indicação da IC de invocação de um governo operário-camponês para resgatar o meridionalismo de esquerda presente na tradição política italiana. Explicitava mais uma vez a relevância desse problema não só por definir a relação entre a classe operária e o campesinato, mas por ressaltar a particularidade da questão nacional italiana, qual seja, a divisão do país em duas partes, uma subordinada à outra ("Carta pela fundação do jornal *L'Unità*").

O resgate do meridionalismo na Itália, pelo menos da parte dos comunistas, em boa medida deveu-se às condições apresentadas na sequência da derrota da revolução socialista internacional consubstanciada em março de 1921. Com a derrota do proletariado fabril na Europa, a aliança do proletariado russo com o campesinato ganhou extraordinária importância estratégica. A elaboração da chamada Nova Economia Política, a NEP, tinha implicações decisivas não só para a Rússia/União Soviética, que ficou isolada, mas para todo o movimento comunista.

Lênin concebeu para a União Soviética uma época de capitalismo monopolista de Estado conduzido pela classe operária em aliança com o campesinato, o qual representaria a fase inicial da transição socialista, única possibilidade para um país atrasado do ponto de vista econômico e cultural, com o agravante do isolamento e da destruição causada pelas guerras imperialistas. A organização do campesinato em cooperativas e a progressiva mecanização do campo seriam formas de persuadir o campesinato a abraçar o projeto socialista. Essa orientação política só seria bem-sucedida, porém, com significativa elevação cultural da massa camponesa e industrialização do campo.

A contraparte dessa política na União Soviética seria a fórmula da frente única no Ocidente e também nos países vitimados pelo imperialismo em todo o mundo. Cabia distinguir a particularidade de cada país, e no caso italiano desde logo essa demanda foi identificada com a questão meridional. Para Gramsci, como se viu, as questões agrária e camponesa começaram com a Sardenha submetida ao Piemonte, para em seguida se fazer efetivo o problema do *Mezzogiorno*, a questão nacional por excelência. Não demorou para que Gramsci se desse conta de que esse problema era ainda mais amplo, pois significaria a submissão de todo o Mediterrâneo ao desígnio imperialista, mormente da Inglaterra e da França. Por fim, a questão meridional se mundializou com a perspectiva de todo o Sul do mundo estar sob domínio imperialista.

Na leitura de Gramsci e os comunistas, o fascismo, com sua política econômica, não fazia mais que agravar a exploração, de tal maneira que a classe dirigente tradicional se esvaziava e a pequena burguesia tendia a se vincular ao regime. Estaria se desenhando um cenário de possível insurreição camponesa, que seria de fato viável desde que conduzida em aliança com o proletariado industrial do Norte, o qual, por sua vez, deveria desenvolver as condições subjetivas para que o processo revolucionário avançasse. É bastante evidente como a interpretação de Gramsci e dos comunistas estava equivocada. A conjuntura apontava muito mais para o fortalecimento do fascismo que para a eventual eclosão revolucionária ("O Sul e o fascismo").

Quando Gramsci retornou à Itália, já havia sido eleito deputado e preparado para assumir o cargo de secretário-geral do PCI. O novo grupo dirigente estava praticamente configurado, com a adesão de Tasca e de ex-bordiguistas, como Ruggero Grieco[16], ao núcleo que outrora fora o grupo de *L'Ordine Nuovo*. A partir desse momento, a questão agrária passa a ser o centro da preocupação dos comunistas. Em julho foi constituída a Associação pela Defesa dos Camponeses, cujo documento foi escrito possivelmente por Gramsci e Grieco. O programa foi discutido no decorrer do segundo semestre, e notam-se desde logo a importância dada à inserção internacional da luta camponesa e a necessidade da aliança com o proletariado ("Associação pela defesa dos camponeses").

Para a associação, estavam convocados camponeses pobres, pequenos proprietários, arrendatários e meeiros. Os comunistas deveriam apoiar as cooperativas e estimular a formação de uniões camponesas. Em nenhum momento deixou-se de fazer a crítica à posição dos socialistas vistos como difusores da ideologia burguesa

[16] O agrônomo Ruggero Grieco (1893-1955) nasceu em Foggia, na Puglia. Em 1912, filiou-se ao PSI e precisou mudar-se para Portici a fim de continuar os estudos de agronomia. Nos anos seguintes, conheceu Amadeo Bordiga e auxiliou na fundação do Círculo Carlo Marx, assim como em 1921 esteve ao lado de Bordiga para fundar o PCI. No cárcere, em 1923, trocou cartas com Gramsci e com outros membros do novo grupo dirigente do partido. A questão meridional percorreu a vida e a militância de Grieco. Em 1924, auxiliou na condução e no desenvolvimento da Associação pela Defesa dos Camponeses, fundada pelos comunistas. Com o pseudônimo Garlandi, esteve exilado na Suíça entre 1926 e 1944. Ao retornar à Itália, assumiu importantes frentes do PCI, inclusive como editor da revista *La Riforma Agraria* [A Reforma Agrária].

no seio do proletariado e mesmo do campesinato do centro e do Norte. Para os socialistas, a questão meridional seria moral e de bom governo, não uma questão estrutural que demandava solução revolucionária ("O *Avanti!* contra o Sul").

Mesmo assim, não restava dúvida de que a questão meridional era o cerne do projeto revolucionário nem de que os camponeses dessa região deveriam ser organizados com a mais ampla participação dos comunistas. Grande importância era dada também à atração do campesinato da zona padana, com experiência de organização cooperativista, mas de forte influência católica. A orientação era sempre aquela de tentar constituir uma franja de esquerda entre os católicos que vissem a luta de classes dissociada da questão religiosa.

Todas essas questões foram discutidas no III Congresso do PCI, realizado na cidade francesa de Lyon, em janeiro de 1926. Esse congresso definiu uma teoria da revolução socialista na Itália e condensou o grupo dirigente que Gramsci lutava por constituir. Restava, é certo, a oposição sistemática de Bordiga, agora reduzida a uma minoria restrita, mas a tarefa do partido de se dedicar seriamente à organização do campesinato estava posta.

A teoria e a prática dos comunistas italianos propostas por Gramsci traziam em conta a formulação da tradição intelectual meridionalista, mas principalmente da experiência e da formulação teórica que giravam em torno da NEP, na União Soviética. Assim foi que, a partir de 1923, Gramsci se avizinhou da formulação teórica de Nikolai Bukhárin[17] e de sua concepção de transição socialista a partir de uma situação de largo predomínio numérico do

[17] O revolucionário Nikolai Bukhárin (1888-1938) exerceu papel muito importante na história da Rússia revolucionária, na elaboração da Nova Economia Política (NEP) e em questões estratégicas para o Partido Comunista da União Soviética (PCUS).

campesinato. O PCI encontrava-se, então, afinado com a orientação da IC depois de toda a controvérsia dos primeiros anos do partido, ainda que essa situação não viesse a ser duradoura ("Os camponeses e a ditadura do proletariado").

Gramsci destacava a crucial importância de dotar o campesinato de uma direção política própria em consideração à passagem da massa pequeno-burguesa para a base de apoios do fascismo ("A questão agrária no III Congresso Comunista"). Para desenvolver a teoria e a prática do PCI em relação à questão meridional, Gramsci entendeu a necessidade de compreender como as outras forças políticas de oposição ao fascismo abordavam essa questão. Propôs-se a redigir um ensaio que esclarecesse esse problema. Ainda que levasse o título de "Note sul problema meridionale e sull'atteggiamento nei suoi confronti dei comunisti, dei socialisti e dei democratici" [Notas sobre o problema meridional e a atitude dos comunistas, socialistas e democratas em relação a ele], o conteúdo do texto não contemplou todo o prometido.

O texto de Gramsci arranca da crítica de uma resenha publicada na revista *Quarto Stato* [Quarto Estado] sobre o livro *La rivoluzione meridionale* [A revolução meridional], de Guido Dorso[18], lançado no ano anterior. A revista, editada por Carlo Rosselli[19] e Pietro Nenni[20], tinha a intenção de resgatar o meridionalismo socialista

[18] Guido Dorso (1892-1947), importante personagem político da história italiana, nasceu em Avellino e demonstrou interesse pela questão meridional. Chegou a escrever para o jornal de Mussolini, *Il popolo* [O povo da Itália], sobre o Sul. Junto com Piero Gobetti, atuou em *La Rivoluzione Liberale.*

[19] Carlo Rosselli (1899-1937) foi um socialista reformista muito influenciado pelo movimento operário britânico. Em 1929, fundou o movimento antifascista Giustizia e Libertà [Justiça e Liberdade] e, em 1937, foi assassinado pela milícia fascista em Paris.

[20] Além de diretor da revista *Il Quarto Stato* (1926), o jornalista Pietro Nenni (1891-1980) foi organizador e participante de inúmeras greves na Itália. Teve alguma proximidade com Benito Mussolini (1883-1945) durante a guerra na Líbia (1911-1912) e com o anarquista

de Salvemini e outros. Expressava divergências em relação a Dorso, mesmo estando no mesmo campo. Dorso estava de fato mais próximo do grupo de Piero Gobetti[21], que se expressava na revista *La Rivoluzione Liberale* [A revolução liberal]. Gramsci, de sua parte, avizinhava-se a Dorso e Gobetti, de quem foi muito amigo.

Gramsci é assertivo em seu ensaio. Critica o *Quarto Stato* pela falta de compreensão da posição do grupo de *L'Ordine Nuovo* em relação à questão agrária e critica duramente a tradição socialista enviesada de positivismo e mesmo de racismo na visão que tinha do Sul do país. A aliança operário-camponesa dependeria, antes de tudo, de mudar a ideologia da parte do proletariado submetida à concepção burguesa convicta da inferioridade natural do *Mezzogiorno* e que, na realidade, sedimentava o bloco industrial do Norte. A classe operária deveria também superar a perspectiva corporativista que alimentava com sua aliança subalterna com a burguesia industrial.

Por fim, apenas com grande mutação ideológica e cultural a classe operária poderia atrair o campesinato para uma aliança, um bloco capaz de resolver a questão nacional exposta no problema meridional. O campesinato meridional só aceitaria compor a frente única com a classe operária fabril sob a condição de se resolverem a questão agrária e a questão da pobreza extrema do Sul e das ilhas.

Errico Malatesta (1853-1932) durante a Semana Vermelha (7-14 de junho de 1914). Posicionou-se favorável à intervenção da Itália na Primeira Guerra Mundial (1914-1918). Lutou na guerra civil espanhola ao lado dos republicanos e foi o principal dirigente do PSI depois da Segunda Guerra Mundial. Quando a sede do jornal *Avanti!* foi atacada pelos fascistas, Nenni esteve a postos para defendê-la.

21 Piero Gobetti (1901-1926), jornalista liberal e antifascista, fundou a revista *La Rivoluzione Liberale*. Durante os anos de Turim, Gramsci e Gobetti nutriram muita amizade e respeito. Ainda que não compartilhassem dos mesmos posicionamentos, Gobetti tornou-se um dos redatores de *L'Ordine Nuovo*. Durante o exílio na França, Gobetti foi agredido por fascistas e morreu no ano seguinte, devido ao estado de saúde agravado pela brutalidade das agressões.

Para que a revolução viesse a ocorrer era necessário que parte da pequena burguesia rural se aliasse ao campesinato. Quando Gramsci se refere à pequena burguesia rural, em grande medida indica a possibilidade de os intelectuais meridionalistas se fazerem porta-vozes da rebeldia camponesa latente ("A questão meridional").

Gramsci foi preso quando trabalhava nesse texto, que saiu publicado em 1930 na revista *Lo Stato Operaio* [O Estado Operário], órgão do PCI no exílio. Nas *Cartas** e nos *Cadernos do cárcere*, vê-se como a questão meridional persistiu no campo de preocupações de Gramsci e como nesses textos ela ganha amplitude e complexidade.

* Ed. bras.: *Cartas do cárcere*, ed. e trad. Carlos Nelson Coutinho, Rio de Janeiro, Civilização Brasileira, 2005. (N. E.)

NOTA DA EDIÇÃO

O presente volume apresenta textos publicados por Gramsci em jornais e revistas entre 1916 e 1926, destacando o problema da relação entre o Sul e o Norte da Itália e aquele entre operários e camponeses. São dezessete traduções inéditas e três realizadas por Carlos Nelson Coutinho, já publicadas em *Antonio Gramsci: escritos políticos* (Rio de Janeiro, Civilização Brasileira, 2004)[1], mas aqui apresentadas com revisão e solução de algumas poucas imprecisões, além de um filtro das notas de rodapé que foram mantidas. Por se tratar de uma seleção de textos de polêmica política ou formulações programáticas, há um grande número de referências de Gramsci a personagens políticos da época, para as quais Marília Gabriella Borges Machado e a própria tradutora, Rita Coitinho, acrescentaram novas notas explicativas.

Como nos outros volumes da coleção, buscou-se manter a fidelidade com os textos originais, alterando-se pontualmente a redação de expressões ou construções gramaticais que não têm correspondente na língua portuguesa em uso no Brasil contemporâneo. Nas passagens em que não foi possível encontrar tradução, optou-se por manter o termo italiano original, acrescido de nota.

O livro, organizado e validado por Marcos Del Roio, foi preparado por Mariana Zanini, que seguiu os padrões da Boitempo, e passou por revisão ortográfica de Gabriela Rocha.

[1] Trata-se de "Operários e camponeses I", "As populações coloniais" e "A questão meridional".

LEGENDA

N. E. I. – nota da edição italiana

N. E. O. – nota da edição publicada pela Civilização Brasileira, com eventuais adaptações

N. T. – nota da tradução da Boitempo

Notas sem indicação foram especialmente produzidas para esta edição

O SUL E A GUERRA[1]

A quarta guerra do *Risorgimento*[2] italiano não parece ter tido, para o Sul, consequências diferentes das outras três. Foi o que ressaltou A. Labriola na Câmara durante a discussão da política econômica do Gabinete Salandra[3], mas a Agenzia Stefani[4] reproduziu um resumo genérico e descolorido de suas palavras.

1 Assinado A. G., *Il Grido del Popolo*, n. 610, 1º de abril de 1916. Em março de 1916, os problemas da agricultura italiana ocuparam o centro do debate na Câmara dos Deputados. Este artigo aborda a intervenção de Arturo Labriola e a réplica do presidente do Conselho [Antonio] Salandra, respectivamente em 18 e 19 de março de 1916 (Atos parlamentares, Câmara dos Deputados, legislatura XXIV, sessão 1.913-6, p. 9.582-7 e 9.630-7). O argumento central do discurso de Labriola dizia respeito aos efeitos da guerra na economia meridional: "A guerra atingiu fatalmente algumas indústrias e reduziu a pujança econômica de outras, enquanto favoreceu outras ainda. Dessa forma, todo o grupo das indústrias metalúrgicas, químicas e têxteis foi favorecido – e com eles também as regiões onde se concentram. O Sul não foi incluído nesse processo. Na medida em que o abastecimento é pago com empréstimos (e o Sul fez sua parte, contribuindo para os empréstimos), houve uma drenagem de riqueza das zonas industrialmente mais pobres para as mais ricas". Ibidem, p. 9.548.

2 *Risorgimento* é um termo historiográfico utilizado para indicar o processo complexo de transformações econômicas, políticas, sociais e culturais, marcado por novas abordagens literárias e culturais e por acontecimentos diplomáticos e militares, que entre fins dos séculos XVIII e XIX, levaram a Itália à unidade nacional, constituindo um Estado liberal e constitucional sob a dinastia de Saboia.

3 Antonio Salandra (1853-1931), importante político conservador da Itália, entre 1914 e 1916 assumiu o cargo de primeiro-ministro do país e, em 1915, foi responsável pela entrada da Itália na Primeira Guerra Mundial.

4 Entre o século XIX e o fim da Segunda Guerra Mundial (1939-1945), a Agência Stefani, fundada por Guglielmo Stefani (1819-1861), com apoio de Camillo Cavour (1810-1861), foi a principal agência de imprensa italiana.

Já em 1911, em uma publicação semioficial patrocinada pela Accademia dei Lincei, Francesco Coletti[5], economista sério e pouco afeito a paradoxos, mostrou que a unificação das regiões italianas sob um mesmo regime centralizador tivera consequências desastrosas para o Sul e que a cegueira dos governantes, esquecidos do programa econômico de Cavour[6], agravara a situação que deu origem à antiga, e agora crônica, questão meridional[7].

A nova Itália encontrara as duas partes da península, Sul e Norte, em condições absolutamente antitéticas, reunidas depois de mais de mil anos. A invasão lombarda quebrou de vez a unidade criada por Roma, e no Norte as comunas deram um impulso especial à história, enquanto no Sul os reinos dos suevos*, dos Anjou, da Espanha e dos Bourbon deram outro impulso. De um lado, a tradição de certa autonomia criou uma burguesia ousada e cheia de iniciativas, e havia uma organização econômica semelhante à dos outros Estados europeus, propícia ao maior desenvolvimento do capitalismo e da indústria. De outro lado, as administrações paternalistas da Espanha e dos Bourbon nada criaram: a burguesia não existia, a agricultura era primitiva e não bastava sequer para satisfazer o mercado local; sem estradas, sem portos, sem aproveitamento das poucas águas que a região possuía devido à peculiar conformação geológica.

5 Francesco Coletti (1866-1940), demógrafo italiano e escritor, foi professor de estatística e de economia agrária.

6 Camillo Cavour (1810-1861) foi primeiro-ministro do reino da Sardenha, fundador do jornal *Il Risorgimento*, e é muito citado na obra de Gramsci.

7 Francesco Coletti, "Dell'emigrazione italiana" [Da emigração italiana], em *Cinquanta anni di storia italiana* [Cinquenta anos da história italiana], v. 3 (Milão, Hoepli, 1911), p. 1-285. O trabalho de Coletti difundiu-se também por meio de uma publicação parcial no jornal *L'Unità*, de Salvemini, em outubro-novembro de 1912. (N. E. I.)

* Antigo reino germânico, também chamado reino da Galécia. (N. T.)

A unificação pôs em íntimo contato as duas partes da península. A centralização bestial confundiu suas carências e suas necessidades, e o efeito foi a emigração de toda a liquidez financeira do Sul para o Norte a fim de obter lucros maiores e mais imediatos na indústria, e a emigração das pessoas para o exterior para encontrar o trabalho que lhes faltava em seu próprio país. O protecionismo industrial elevou o custo de vida do agricultor da Calábria, sem que o protecionismo agrícola, inútil para quem produzia – e também nem sempre – apenas o pouco necessário para consumo próprio, conseguisse restabelecer o equilíbrio. A política externa dos últimos trinta anos tornou os efeitos benéficos da emigração quase estéreis. As guerras eritreias e a da Líbia[8] provocaram a emissão de empréstimos internos que absorveram as poupanças dos emigrantes. Fala-se muito da falta de iniciativa dos meridionais; é uma acusação injusta. O fato é que o capital procura sempre as formas de emprego mais seguras e lucrativas e que o governo tem ofertado com demasiada insistência os títulos quinquenais. Onde a fábrica já existe, ela continua a se desenvolver com base na poupança, mas onde toda forma de capitalismo é incerta e aleatória, as poupanças arduamente conquistadas, misturadas com as dificuldades, não inspiram confiança e investe-se onde há lucros tangíveis e imediatos. Assim, o latifúndio, que em alguns períodos tendeu a espalhar-se naturalmente entre os americanos que regressaram com recursos, continuará a ser o flagelo da economia italiana por mais um tempo, já que as empresas industriais do Norte encontraram na guerra uma fonte colossal de lucros, e todo o potencial produtivo destinado à indústria bélica está cada vez mais

[8] Guerra entre o reino da Itália e o Império Otomano pela posse da Líbia, durou de 29 de setembro de 1911 a 18 de outubro de 1912.

circunscrito às regiões do Piemonte, da Lombardia, da Emília e da Ligúria, fazendo definhar o pouco de vida que existia no Sul.

Labriola foi o único que apresentou à Câmara esse terrível problema. Salandra respondeu fazendo promessas vagas:

> O país está se adaptando, certamente com sofrimento e desconforto, àquilo que se chama economia de guerra. Decerto haverá consequências graves e prejudiciais. O honorável Labriola mencionou o deslocamento territorial da riqueza que deriva do fato de que parte de nosso país, devido às condições naturais e aos precedentes históricos, está preparada para o exército da atividade industrial, enquanto a outra parte não está. Ele tinha razão, tal como tinha razão ao sugerir (e subscrevo sua sugestão) que sejam estudadas as compensações por meio de uma ampla política agrícola, que emparelhe, tanto quanto possível, as regiões menos favorecidas com aquelas que sofrem com danos de guerra, mas também obtêm benefícios inestimáveis.[9]

As promessas do honorável Salandra foram esquecidas, como tantas outras no passado. E a conversa acerca de uma "política agrária" pode apenas despertar o mais cru ceticismo. O Sul não precisa de leis especiais e tratamentos especiais. Precisa de uma política geral, interna e externa, que se inspire nas necessidades gerais do país, não em tendências políticas ou regionais particulares. Não basta construir uma estrada ou um *bacino montano** para compensar os danos que certas regiões sofreram em consequência da guerra. Em primeiro lugar, os futuros tratados comerciais não devem levar ao fechamento dos mercados a seus produtos. E nenhum dos programas anteriores que preveem guerras econômicas contra as potências

[9] Atos parlamentares, Câmara dos Deputados, legislatura XXIV, sessão 1.913-6, p. 9.633. (N. E. I.)

* Estruturas de contenção de água (em geral da chuva) para controlar o nível dos rios em áreas montanhosas. (N. T.)

centrais assegura esse ponto de vista. É preciso que, como sempre, não se deixe que os vasos de barro se quebrem entre os vasos de cobre que o balanço de uma nau em meio a uma tempestade faz se deslocar e chocar. É necessário evitar que a guerra pela chamada liberdade política resulte na tirania econômica reforçada pelas forças produtivas e que, visando a punir a Alemanha, demasiado forte e demasiado bem-organizada industrialmente para temer qualquer calamidade, se acabe atacando aquela parte da Itália que nos discursos sempre se diz que se pretende redimir e desenvolver.

OS CLÉRIGOS E OS AGRÁRIOS[1]

A mentalidade dos clérigos politiqueiros é a quintessência aromatizada da demagogia. Seus jornais costumam ser repletos de longas controvérsias e sugestivas polêmicas (naturalmente desinteressadas, pelas quais o administrador não recebe nada em troca) em defesa dos interesses de todos os negócios manipulados pelas indústrias nacionais. Mas quando, por exemplo, o açúcar e o pão atingem preços vertiginosos, então esses paladinos dos pobres encontram maneira de fazer vista grossa e de derramar sua santa indignação sobre [...] acumuladores ou sobre comerciantes, que da abundância geral tentam obter, também para si, algum lucro.

Há seis meses, *Momento* destacou-se por uma intrépida campanha (quantos peixes pequenos não mordem esses anzóis?) contra o alto preço do pão[2]. Mas é claro que isso não impede que agora acenda uma vela a favor da pobre agricultura nacional e publique, com simpatia, um artigo-circular do setor agrário, que tenta demonstrar

[1] Não assinado, *Avanti!* (edição milanesa), ano XXII, n. 187, 7 de julho de 1916, p. 3. O periódico católico turinense *Il Momento* sustentara, em janeiro de 1916, uma vivaz campanha contra o alto preço do pão; em 6 de julho, com um artigo anônimo ("Il prezzo del grano e gli interessi dell'agricoltura nazionale" [O preço do grão e os interesses da agricultura nacional]), defendia o posterior aumento do mesmo produto, dando suporte a uma tese protecionista.

[2] A referência é a comentários e entrevistas publicados nos números 2, 9, 10, 11, 18 e 22 de janeiro de 1916. (N. E. I.)

como o preço fixado de 36 liras por quintal* de trigo é ruinoso para a [...] Sardenha e para a Calábria.

Devemos sempre ficar de olho nesses propagadores de opinião pública e impedir que seus argumentos insinuantes ganhem adeptos. O protecionismo na Itália fortaleceu-se porque soube, habilmente, antagonizar os interesses imediatos do campo aos das cidades e os de uma parte da Itália aos interesses de outra. Portanto, cabe aos proletários urbanos, mais severamente testados pela alquimia empresarial dos proprietários de terras e, além disso, mais bem preparados para a luta, buscar desmantelar, com sua resistência e oposição, mesmo que violenta, a velha máquina camorrística** que, em última análise, oprime todo o proletariado de forma igual.

O argumento que o jornal *Momento* toma para si e que vem pomposamente apresentado como aplicação da "conhecida teoria do valor de Ricardo" é tão absurdo que apenas um propósito demagógico (obter a pressão dos camponeses da Baixa Itália e das ilhas para legitimar os grandes lucros dos granicultores do vale do Pó) pode ter provocado seu ressurgimento. Substancialmente, deseja-se que, a fim de não arruinar nenhuma das partes, tome-se como ponto de partida para a fixação do preço máximo do trigo a produtividade de terras improdutivas. O protecionismo sobre o trigo tem levado muitos no campo a semear em terras semiestéreis, na segurança de um pequeno lucro garantido artificialmente pelo Estado, em razão apenas do incremento dos produtos nacionais. O Estado monopolista criado pela guerra, que elevou o preço dos grãos de 29 francos para mais de 40, serve para criar a ilusão

* Medida antiga equivalente a aproximadamente cem quilos. (N. T.)

** Refere-se à Camorra, associação criminosa napolitana. (N. T.)

de que, mesmo semeando na areia, há sempre algo a ganhar. Os industriais do vale do Pó, que não semeiam na areia, mas nas terras férteis e irrigadas da Lombardia e especialmente da Emília, entretanto, obtêm lucros fabulosos, que só encontram paralelo nos superlucros de guerra dos industriais. É muito conveniente, para esses senhores, explorar o fato consumado do cultivo do trigo em terras improdutivas para insinuar que o preço máximo deve ser fixado a fim de garantir aos agricultores pobres um rendimento justo. Mas ao custo de ter de adotar atitudes antipáticas e odiosas, é necessário que o proletariado, sobretudo o urbano, reaja contra essas campanhas tendenciosas.

Poderia ser um título de honra para o proletariado urbano ter contribuído, com essa sua resistência, às novas demandas esfomeadas dos especuladores do pão de cada dia para transformar grande parte da anacrônica e decrépita economia agrícola italiana. E não é paradoxal a afirmação de que uma greve em Turim, causada por ameaça de aumento no preço do pão, também pode ajudar a salvar a Sardenha e a Calábria da desastrosa mania de derrubar árvores para semear trigo, na segurança falaciosa de que os altos preços de imediato tornarão rentáveis as terras onde só as árvores encontram alimento na água do subsolo e de que [essas terras] podem vir a se tornar, no futuro, uma verdadeira e lucrativa fonte de riqueza.

A certeza é que é absolutamente necessário reagir contra essas conspirações e esses engodos das classes agrárias, que têm ampla adesão e forte influência, a fim de que cessem os pagamentos de tributos anuais dos proletários aos proprietários de terras da Itália.

CAVALHEIROS[1]

Em perfeita sintonia com a moralidade sanfedista[2] que exige boas maneiras e a correção dos outros, em virtude de seu programa, e exige privilégio e segurança para seus adeptos, quando estes consideram oportuno serem impróprios e desonestos, porque o fim justifica os meios, o jornal clerical *Il Momento* reproduz em uma folha de papel romana uma correspondência de Turim assinada por Francesco Repaci[3], na qual nós, da crônica turinense do *Avanti!*[4], somos graciosamente salpicados de uma saliva iridescente que cheira a chantagem e provocação policialesca. *Il Momento* coloca a "peça" em uma nova coluna – "No mundo dos 'cavalheiros'" – e ao menos pelo título devemos ser gratos ao jornal clerical, que

1 Não assinado, *Avanti!*, ano XXI, n. 218, 8 de agosto de 1917, p. 3. Seção "Cronache torinesi" [Crônicas turinesas]; (a atribuição a Gramsci é dada aqui de forma duvidosa). O artigo "Caratteri italiani – I galantuomini" [Personagens italianos – Os cavalheiros], escrito alguns dias antes da insurreição por falta de pão, corresponde ao artigo não assinado "Nel mondo dei 'galantuomini'. Le porcherie dell'Avanti!" [No mundo dos "cavalheiros". As sujeiras do *Avanti!*], publicado no [jornal] *Il Momento*, ano XV, n. 217. 7 de agosto de 1917. A polêmica teria tido consequências: a carta de F. Repaci, "Caratteri torinesi. I miserabili" [Personagens de Turim. Os miseráveis], em *Popolo d'Italia*, de 29 de agosto de 1917, e a resposta "Il 'galantuomismo' del 'galantuomo' Repaci" [O "cavalheirismo" do "cavalheiro" Repaci], em *Avanti!*, n. 240, 30 de agosto de 1917.

2 O movimento "Exército da Santa Fé de Nosso Senhor Jesus Cristo" foi organizado pelo cardeal Fabrizio Ruffo (1744-1827) com objetivo de constituir um exército de cidadãos para lutar contra as repúblicas francesas.

3 Francesco Repaci (1880-1955) foi ligado ao PSI durante grande parte da vida.

4 *Avanti!* foi o jornal diário do PSI, publicado a partir de 25 de dezembro de 1896.

inconscientemente corrige as coisas. *Il Momento* aprenderá, no entanto, por que não somos nem mesmo tentados a conceder um mínimo de seriedade e responsabilidade a Francesco Repaci.

Francesco Repaci é um "cavalheiro" (*galantuomo*)[5]. Ele, siciliano, pertence exatamente àquela subclasse social que, no Sul da Itália, é chamada pelo proletariado agrário de "a classe dos cavalheiros". O simples fato de a palavra *galantuomini* [cavalheiros] ter passado a significar "corrupção, malversação, parasitismo, imbecilidade, arrivismo, politicagem, chantagem etc." já indica o suficiente a atividade que "os cavalheiros" realizam em sua região. Francesco Repaci é de fato um "cavalheiro".

O professor Gaetano Salvemini, em seus estudos sobre a questão meridional (e Salvemini é um meridional que não é "cavalheiro"), já esboçou um quadro bastante eficiente da atividade perversa dos "cavalheiros", tão eficaz quanto desencorajador para aqueles que gostariam de uma vida social mais fervorosa, mais ativa e mais imbuída de valores morais. Salvemini chega a dizer que os "cavalheiros" parecem pertencer a uma raça diferente da dos camponeses rudes e trabalhadores do Sul da Itália, pois também diferem deles fisicamente: desprezam o camponês, assim como o macaco despreza o homem, e zombam dele, imitam sua voz robusta, grave e profunda, porque a degeneração física (paralela à degeneração moral) distingue os

[5] As palavras *galantuomini*, *ascari* e *lanzichenecchi* são retomadas, com o mesmo significado, na terminologia de Salvemini. *Ascaro*, em especial, faz parte da controvérsia política da época e é explicado em outro lugar pelo próprio Gramsci da seguinte forma: "Os membros das maiorias parlamentares sem um programa e sem um compromisso eram chamados de '*ascari*' e, portanto, estavam sempre prontos a desertar e a deixar na mão os governos que os apoiavam; a expressão estava ligada às primeiras experiências na África com tropas mercenárias autóctones". Antonio Gramsci, *Quaderni del carcere: edizione critica dell'Istituto Gramsci a cura di Valentino Gerratana* (Turim, Einaudi, 1975), p. 2.305 [ed. bras.: *Cadernos do cárcere*, ed. e trad. Carlos Nelson Coutinho, 5. ed., Rio de Janeiro, Civilização Brasileira, 2010]. (N. E. I.)

"cavalheiros" com uma voz em falsete, arrastada e queixosa. Nada é mais impressionante, diz Salvemini, que ouvir esses meios-homens "brincando de ser homens" para zombar do camponês, seu compatriota. Os cavalheiros são diretamente responsáveis pela má reputação de que o Sul (*Mezzogiorno*) padece no Norte (*Settentrione*). O Norte conhece, ou pensa que conhece, o Sul por meio dos questores sulistas e dos vários Francesco Repaci que os representam. É inútil falar sobre os questores. O que nos interessa, aqui, são os meios-homens que só são homens quando fazem piadas. Eles envergonham sua região, porque tentam transportar para o Norte os maus costumes de que são expoentes. Conseguem obter diploma em uma das universidades caóticas e camorrísticas da Sicília ou de Nápoles, sem nenhum mérito, sem nenhuma capacidade produtiva, reprovados em concursos para a magistratura, incapazes de ganhar o pão, mas ao mesmo tempo cheios de arrogância, posando de letrados e grandes homens, porque o acaso fez nascer em sua região a maioria dos homens de letras, filósofos e cientistas italianos, esses destroços do falecido mundo feudal dos Bourbon que se refugiaram no Norte, na esperança de criar um lugar para si mesmos, de conquistar uma posição no ambiente setentrional, onde a vida é mais intensa, onde as chances de sucesso são maiores. Giolitti foi o ministro que mais fez por eles em sua região, que lhes deu postos de mando para derrotar e prender antecipadamente os eleitores proletários motivados a atacar os velhos redutos da Camorra, da corrupção, do favoritismo mais descarado: eles foram atraídos para o Norte, para o país de Giolitti, com base nas recomendações dos grandes eleitores e dos deputados oportunistas[6] (*ascari*) do

[6] A referência é a Gaetano Salvemini, "La piccola borghesia intellettuale nel Mezzogiorno d'Italia" [A pequena burguesia intelectual no Sul da Itália], *La Voce*, ano III, n. 11, 16 de março de 1911 – agora em Gaetano Arfé (org.), *Movimento socialista e questione meridionale*

giolittismo[7]. Eles inventaram, para se manter no poder, um reformismo macarrônico, o apêndice caudal do giolittismo de ontem e de hoje, com Marchesano[8], com Tasca di Cutò[9], com Drago, *lanzichenecco*[10] de Salandra e de Boselli[11], sempre partidários do governo que concede favores e tende a manter intactos seus focos de infecção camorrística: atiraram a seus camponeses, os homens que trabalham dezesseis horas por dia, no calor do sol, por salários de fome, uma oferta demagógica, a proposta macarrônica do excelentíssimo Drago de expropriação de terras.

Francesco Repaci é um "número" nessa subclasse. Sabemos muito, a partir do testemunho dos melhores homens de sua região, do ambiente em que foi formado, da educação moral e política que ele absorveu em seu mundo de meios-homens ardilosos, de macacos degenerados com voz de galinha, homens apenas quando estão brincando, para conceder-lhes um mínimo de seriedade e responsabilidade. Se destacamos aqui o tipo social ao qual ele pertence,

(Milão, Feltrinelli, 1963), p. 481-93, que começava: "A ação política dos intelectuais da pequena burguesia, e mais especialmente daquela parte dela que não pode se sentar confortavelmente no banquete da vida, tem grande importância na sociedade moderna. Pois essa é a classe que dá a todos os partidos, jornalistas, difamadores, assessores eleitorais, palestrantes e propagandistas. E os membros deslocados da pequena burguesia intelectual acabam quase todos se tornando profissionais da política, e do pior tipo de política: não tendo nada para fazer, eles podem dedicar todo o seu tempo à vida pública; eles conquistam os cargos mais altos nas fileiras dos partidos, tornam-se homens de confiança, depositários de segredos, guardiões e donos de cargos".

7 "Giolittismo" refere-se à política reformista e clientelista de Giovanni Giolitti (1842-1928), presidente do Conselho de Ministros da Itália em cinco mandatos diferentes.

8 Giuseppe Marchesano (1863-1951) foi deputado do reino da Itália durante duas legislaturas.

9 Alessandro Tasca di Cutò (1874-1943) foi deputado do reino da Itália durante três legislaturas.

10 *Lanzichenecco*: soldado de infantaria alemã. Aqui, usado de maneira pejorativa, "soldadinho".

11 Paolo Boselli (1838-1932) foi primeiro-ministro da Itália entre 18 de junho de 1916 e 29 de outubro de 1917.

é para advertir nossos companheiros, concidadãos, contra amplificações, contra exageros fáceis: os Francesco Repaci não são todos sulistas, são uma minoria minúscula; devem ser desprezados, devem ser neutralizados pelo desprezo. Camillo de Meis[12] relata que, depois de 1960, os piemonteses foram recebidos com repugnância e desconfiança pelos camponeses, porque atrás dos soldados piemonteses vinha Vittorio Emanuele I[13], o rei "cavalheiro". Os camponeses interpretaram o "rei cavalheiro" como o rei dos *galantuomini*, e seu ódio por ele era tão grande que muitos pegaram em armas e formaram bandos bourbônicos: entre os Bourbon e os cavalheiros, eles preferiam os Bourbon. Começou, então, a divisão espiritual entre os cidadãos da Terceira Itália. Por causa dos cavalheiros, os sulistas viam os piemonteses como exploradores odiosos, assim como, por causa dos imigrantes cavalheiros, muitos piemonteses ainda não conseguiam se acostumar a ver o Sul trabalhando, sofrendo, sangrando e pisoteado em todas as suas liberdades nem a ver metade da Itália habitada por uma repugnante tribo de meios-homens da subclasse de Francesco Repaci.

[12] Angelo Camillo de Meis, "Il sovrano" [O soberano], *La Critica*, v. VIII, fasc. 6, 1910, p. 401-8 (o artigo foi publicado pela primeira vez em 1868 na *Rivista Bolognese*). (N. E. I.)

[13] Vittorio Emanuele I (1759-1824) foi rei da Sardenha de 1802 a 1821.

OS CAMPONESES E O ESTADO[1]

No *Petit Comtois* de 21 de abril, lê-se:

> A pequena aldeia de Verne, perto de Baume-les-Dames, foi palco de um crime horrível.
>
> Em 20 de abril, uma comissão de requisição, sob as ordens de um oficial, visitou os estábulos do país para escolher os animais a ser requisitados. Quando a comissão chegou à casa de X, este furiosamente se recusou, com insultos, a abrir o estábulo. O oficial insistiu e tomou a decisão de ir além, apesar da teimosia do camponês, e quis entrar no estábulo.

[1] Assinado como Antonio Gramsci, *Avanti!*, edição piemontesa, ano XXII, n. 155, 6 de junho de 1918, p. 2. O artigo nasce da leitura do editorial "Par M. Albert Mathiez, professeur à l'Université de Besançon" [Para M. Albert Mathiez, professor da Universidade de Besançon], publicado no jornal socialista *La Vérité* de 26 de abril de 1918 (Les Drames de la réquisition) [Os dramas da requisição]. A primeira parte do texto de Gramsci é, em essência, a tradução (esta é a primeira vez que nos escritos gramscianos há uma referência ao historiador francês). A partir de um episódio relatado pelo *Petit Comtois*, difundido jornal diário *radicalisant* [de agitação] de Besançon, e tendo diante de seus olhos, de um lado, o cenário de uma guerra cujos exércitos são formados por soldados em grande parte de origem rural e, de outro, as sugestões da revolta camponesa na Rússia, Gramsci se pergunta o quanto mudou – com a guerra – a mentalidade camponesa em relação ao Estado e, assim, qual comportamento teriam os camponeses ante um Estado nascido de uma insurreição proletária vitoriosa. O texto "Os acontecimentos de 2-3 de dezembro de 1919" (neste volume, p. 67) pode ser entendido como uma resposta à pergunta aqui colocada. Porém, deve-se ressaltar que nele Gramsci mostra um interesse pelo mundo agrário que é mais que político, é quase "antropológico" – prelúdio às reflexões da prisão sobre folclore e cultura popular, ao verificar a lenta e não linear interferência da mentalidade camponesa na rejeição ao Estado como elemento determinante da vida política e civil. Ver Antonio Gramsci, *Quaderni del carcere: edizione critica dell'Istituto Gramsci a cura di Valentino Gerratana* (Turim, Einaudi, 1975), p. 2311-7 e seg. [ed. bras.: *Cadernos do cárcere*, ed. e trad. Carlos Nelson Coutinho, 5. ed., Rio de Janeiro, Civilização Brasileira, 2010].

Então o camponês, irritado, pegou uma faca e cravou-a no peito do oficial, que caiu, envolto no próprio sangue. Os presentes socorreram o ferido etc. etc.

O historiador Albert Mathiez, aproveitando a ocasião do crime de Verne, lembra (no *Vérité*) os dramas sangrentos que ocorreram em todo o território da França durante a revolução, quando o Comitê de Salvação Pública impunha requisições para alimentar os catorze exércitos de Carnot e abastecer os centros urbanos.

O Estado moderno nasceu na França. Que solidariedade os proprietários de terras demonstraram – solidariedade não de estado de ânimo, mas concreta, expressa em privar a si mesmos de um bem?

No Yonne, departamento mais fiel à revolução, os comissários de requisição foram continuamente atacados nas aldeias. Os habitantes, liderados pelas autoridades municipais, opuseram a resistência mais feroz à requisição: apenas a força armada foi capaz de abrir os celeiros.

Cada nova ordem de requisição resultou em uma expedição militar.

Em abril de 1794, os comissários chegaram a Noyers escoltados por um destacamento de guardas nacionais; encontraram um grupo de duzentas mulheres reunidas em torno da Câmara Municipal e foram recebidos por uivos de raiva. O prefeito recusou os vales de hospedagem para a Guarda Nacional.

O círculo popular de Coulanges-la-Vineuse, onde os jacobinos (isto é, os patriotas) se reuniram, em 4 de maio de 1794, foi assaltado por uma multidão furiosa e forçado a se dispersar. A multidão foi, então, até a igreja e passou parte da noite tocando sinos, cantando hinos, invocando clemência celestial. Dois meses depois (21 de junho de 1794), os irmãos Chaperon, agricultores da aldeia de Loges, em vez de cumprir a lei, formaram uma barricada em sua fazenda e apoiaram um verdadeiro cerco contra os comissários, matando cinco guardas nacionais e ferindo dezessete. Para forçá-los a se render, foi necessário incendiar a casa.

Esses mesmos fatos de Yonne repetiram-se no departamento de Marne. Em maio de 1794, cerca de sessenta prefeitos e conselheiros comunais foram levados a Chaumont, presos e mantidos reféns até que a requisição fosse realizada em seus municípios.

No [departamento de] Eure, ocorreram levantes armados, atos de revolta e destruição de colheitas. Feixes de trigo meio debulhados foram encontrados nos moinhos. Os camponeses revolucionários preferiram cortar o trigo ainda verde a entregar a colheita a um governo execrado.

Belleville e Lerese, do departamento de Loiret, sublevaram-se numa noite em janeiro de 1794, fazendo prisioneiros os guardas nacionais enviados por Orléans para garantir as requisições.

Tais episódios são tudo, menos exceção: prova disso são as cartas dos comissários – e não só nos departamentos em desacordo com Paris por razões políticas e religiosas, mas em todo o território da França. Os camponeses não reconheciam o Estado moderno quando este exigia solidariedade econômica, além de votos e manifestações políticas[2].

[2] Até aqui, o artigo de Gramsci constitui aproximadamente a tradução do texto de A. Mathiez (com base nisso, corrigimos erros tipográficos relativos a datas e à grafia dos nomes); o historiador francês supostamente usou esse material em seus ensaios sobre a França revolucionária. Ver *La Vie chère et le mouvement social sous la Terreur* (Paris, Payot, 1973) [ed. it.: *Carovita e lotte sociali nella Rivoluzione Francese. Dalla Costituente al Terrore* [Custo de vida e lutas sociais na Revolução Francesa. Da Assembleia Constituinte ao terror], Roma, Newton Compton, 1974, p. 377-81]. Aqui está a conclusão do artigo de Mathiez: "À luz desse passado não muito distante, que remonta a 124 anos, compreendemos melhor a terrível tragédia que acaba de custar a vida de um oficial de administração. Este drama é um legado do

Em que montante foram verificados durante essa guerra conflitos entre o direito de propriedade e o direito de requisição, entre os direitos do indivíduo e os direitos do Estado?

Uma investigação documentada e precisa seria interessante e útil e forneceria os termos necessários para avaliar qual é o estágio de desenvolvimento alcançado pelo Estado burguês, quão profunda é sua influência na massa de camponeses, reservatório de todas as energias da sociedade, de todas as riquezas.

Para uso dos socialistas, uma investigação desse tipo seria preciosa. Que nível de cultura política atingiram os camponeses? Até que ponto conseguiriam chegar à abstração necessária para "compreender" a comunidade, para sentir os "outros", a solidariedade com os outros, para sair do círculo fechado do egoísmo?

A investigação daria resposta apenas à solidariedade da classe burguesa, dos proprietários face ao Estado, das organizações de interesses privilegiados; indiretamente, serviria também ao proletariado agrícola. Dar-nos-ia elementos para julgar se, numa experiência

antigo regime. Se permaneceu um ato completamente isolado, se provocou indignação geral, é porque a Revolução Francesa moldou uma nova humanidade no decorrer de um século. As requisições ordenadas pelo Comitê de Salvação Pública suscitaram uma resistência desvairada porque ocorreram numa França dedicada, por séculos, ao particularismo. No antigo regime, os homens confinados a sua casta viviam isolados. O privilégio ergueu barreiras de isolamento entre eles, e não apenas as barreiras do privilégio das pessoas, mas do privilégio das províncias e lugares. Cada qual zelou por seus bens, sua propriedade. A solidariedade não existia, o egoísmo penetrou em tudo, tanto nas consciências como nas instituições. Em nosso tempo, apesar do terrível retrocesso da guerra, as coisas mudaram. O sufrágio universal, a igualdade perante a lei e perante os impostos derrubaram, sem fazê-los desaparecer, os redutos do egoísmo. A necessidade de segurança pública, a preocupação com a defesa nacional, fazem aceitar quase sem resistência medidas que os nossos antepassados consideravam draconianas. Submetemo-nos voluntariamente ao controle da sociedade sobre a produção e o consumo dos alimentos necessários à vida. Se alguém descumpre a lei, o faz em segredo. Já não se resiste abertamente. O horizonte humano expandiu-se. Para além da família, para além da classe, para além do campanário e da província, a humanidade abraça a nação e o futuro". (N. E. I.)

de coletivismo, os proletários agrícolas seriam sentimentalmente capazes de se solidarizar com o proletariado urbano para uma reconstrução socialista da sociedade ou se a desconfiança e o ódio por qualquer organização coletiva seriam tamanhos que a queda do Estado burguês se transformaria apenas na possibilidade de dividir a terra entre muitos em vez de poucos, mantendo sempre intacto, no entanto, o princípio da propriedade privada.

Desde a Revolução até hoje, pelo menos na França, a ideia do Estado moderno com uma estrutura burguesa se espalhou e se popularizou; episódios como o de Verne são de fato excepcionais.

O camponês também dá seus bens ao Estado, assim como sua pessoa. Ele sente o Estado como uma "economia", a solidariedade com ele não é mais apenas de sangue. O vínculo moral entre o indivíduo e o Estado mudou de feudal para burguês.

O camponês não reluta muito em prestar serviço militar, mas essa tarefa não é psicologicamente tão significativa. Essa forma de solidariedade é elementar, deriva da longa tradição dos domínios despóticos, quando a vida do camponês valia pouco mais que nada. O serviço militar tornou-se, assim, uma honra, o reconhecimento de uma capacidade social, que lisonjeia a autoestima de quem está habituado a não constar nas contas nos negócios públicos.

Os bens, não: o camponês recusa-se a entregá-los a outros por imposição autoritária – ou, pelo menos, recusava-se. E é assim que se torna o único parâmetro suficiente e necessário para avaliar a evolução que sofreu a psicologia do campo em um século, que capacidade política adquiriram os proprietários, no sentido capitalista, e os pobres, no sentido proletário. Quanto mais o proprietário, desconsiderando seu interesse imediato, reconhece no Estado a organização que protege seus interesses permanentes e se solidariza economicamente com o governo para fortalecê-lo, mais o "pobre" se liberta do hábito idólatra para com a autoridade central e sente seu antagonismo: desenvolve-se o sentido de classe, e o "pobre" habitua-se a ver na organização judiciária do Estado o instrumento de sua tutela.

Na produção agrícola, as instituições e os hábitos mentais feudais persistiram por mais tempo (e muitos ainda persistem). Ainda existem castas, ainda existem limites mercantis entre regiões e entre povoados.

Os mercados ainda são restritos, as trocas têm um caráter que não as diferencia tanto do escambo primitivo. A mentalidade média permaneceu, pois, antiquada.

O conceito de "lei", abstraído das pessoas do rei ou seus mensageiros, ainda não está difundido e não é compreendido em todo o seu âmbito político e social.

Em muitas regiões da Itália, os *carabinieri* [policiais], para ser compreendidos, ainda emitem intimações "em nome do rei", não "em nome da lei"; os recrutas, ao partir, dizem que "foram chamados pelo rei". Tal linguagem, puramente feudal e servil, é indicativa de uma mentalidade segundo a qual idealmente há mais distância a percorrer entre "um alqueire de trigo" e a comunidade que entre "um filho" e o serviço militar. O agricultor dificilmente sente as necessidades alimentares do "coletivo" e seu dever de supri-las; se fosse um "tributo" à mesa real, pelo qual fosse pago um privilégio feudal (talvez uma simples honraria), o camponês veria melhor a conexão entre esses vários atos e ofereceria seus bens voluntariamente.

O direito individual de propriedade da terra e de seus frutos é sentido com mais força, por ser mais antigo e primordial, que o direito de propriedade industrial e bancária. O industrial, na medida em que sabe que é a força do Estado que, em última instância, garante sua propriedade, opõe-se menos ao controle e à requisição.

O industrial tem uma mentalidade historicista. Ele entende que o direito à propriedade é uma categoria histórica, que só permanece enquanto persistirem suas condições.

Nas relações com a terra, o direito de propriedade conquistou um sentido religioso, que com frequência se confunde com o sentimento familiar. É como se o terreno fosse a própria família, o núcleo originário da organização social, a essência íntima do agrupamento humano.

Outra razão contribui para tornar o camponês relutante em abdicar até mesmo de parte de seus direitos individuais de propriedade. Ele dispõe, menos que o industrial e o comerciante, dos meios para controlar o trabalho dos comissários de requisição, para protestar contra a arbitrariedade, para se defender contra a pilhagem brutal. Isso tem relação com sua ignorância das instituições estatais modernas, com sua ausência da vida pública.

A busca pela realização do serviço de requisição adquire outro significado. Além de dar uma amostra de como o direito é vivenciado e compreendido, em sua necessidade burguesa, como função soberana do Estado entre as classes agrárias ainda não evoluídas a ponto de ter o sentido integral de solidariedade econômica de classe, oferece uma medida de como a lei é interpretada e implementada pelos funcionários, isto é, de como o Estado moderno consegue cumprir sua missão pedagógica, integrante de sua atividade geral.

Em ambos os casos a conclusão tem elevado valor documental para o historiador e para o político. É de grande valor para nós, socialistas, que demandemos dos cidadãos[3] solidariedade e cumprimento das leis por convicção íntima, por costume – e não por medo de algemas.

[3] Na edição utilizada como fonte, apontou-se que todas as edições trazem equivocadamente nesse trecho a palavra *camponeses* (*contadini*) em vez de "*cidadãos*" (*cittadini*), como seria mais coerente com o texto.

A GUERRA DAS COLÔNIAS[1]

Em um relatório do V Congresso do Partido Socialista dos Trabalhadores argelino, realizado em Costantini em 1902, foi dito aos capitalistas franceses:

> Se vos declarais incapazes de realizar este trabalho (moralizar, educar, conscientizar e capacitar a população autóctone), se mascarais vossa impotência, temos o direito de perguntar-vos o que viestes fazer neste país e se vos instalastes aqui simplesmente para substituir os coletores [de tributos] turcos por coletores franceses.

Essa posição dos nativos em relação à metrópole radicalizou-se durante a guerra. A guerra entre os imperialismos capitalistas não demorou a ser seguida pela revolta das colônias contra os imperialismos triunfantes. Durante o conflito, as colônias foram exploradas em uma dimensão inaudita, com um método inflexível e desumano que só pode ser concebido nos períodos de notória civilização, como a capitalista. Aos nativos das colônias não restaram sequer os olhos para chorar: alimentos, matérias-primas, tudo foi varrido das colônias para alimentar a resistência das populações metropolitanas em guerra. A prensa capitalista funcionou de forma admirável: milhões e milhões de indianos, egípcios, argelinos, tunisianos e maleses morreram de fome e de epidemias devido à devastação causada nas

[1] Assinado A. G., *L'Ordine Nuovo*, ano I, n. 5, 7 de junho de 1919. Seção "Vita politica internazionale" [Vida política internacional].

miseráveis economias coloniais pela competição capitalista europeia. Como poderia um camponês indiano ou egípcio competir por preços com o Estado inglês, francês ou italiano? Arroz, trigo, algodão e lã foram acumulados para nós, europeus: o camponês colonial teve de se alimentar de ervas e raízes, teve de se submeter à mais dura rotina para arrebatar o mínimo para não morrer, foi abatido pela carestia na Índia, com sua fúria indomável, como a dos fenômenos naturais. Há quanto tempo nós, europeus, vivemos da morte de homens negros: vampiros inconscientes alimentados com seu sangue inocente. Tal como no romance de Balzac, o prato de arroz que fumega diante de nossa boca privilegiada traz em seus números herméticos a sentença de morte de um distante irmão da humanidade.

Hoje a revolta arde no mundo colonial: é a luta de classes dos homens negros contra os exploradores e cains* brancos. É um impulso imenso e irresistível de todo um mundo rico em espiritualidade em direção à autonomia e à independência. Tecidos conjuntivos são recriados para unir linhagens que a dominação europeia parecia ter rompido definitivamente: a própria Turquia, de sua derrota, retira prestígio e parece iluminar o mundo; o pastor da Anatólia vale mais para milhões e milhões de seres humanos que o cotonicultor de Manchester; o sultão é um farol que brilha mais que o armador de Liverpool. Carros blindados, tanques e metralhadoras fazem milagres sobre a pele morena dos camponeses árabes e hindus. Mas a pressão capitalista é muito mais mortal que as armas modernas: faz morrer lentamente de fome e desespero crianças e mulheres, como se cozidos em fogo lento, implacável. E os sonolentos homens negros desafiam aviões, metralhadoras e tanques para conquistar autonomia, para sufocar o vampiro atroz que se alimenta de seu sangue e sua carne.

* Parece referir-se à figura bíblica Caim, que matou o próprio irmão, Abel. (N. T.)

VOZES DA TERRA[1]

Em Bolonha, os camponeses reuniram-se praticamente ombro a ombro com os católicos. O espraiamento das forças proletárias foi imponente: a teoria das bandeiras vermelhas excitou até mesmo a piedosa bula clerical. A prevalência das tendências frondistas[2] no congresso negro[3] e o sucesso do deputado de Soresina[4], afastado no primeiro dia e levado de volta com a honra do triunfo no segundo, deveu-se, em nossa opinião, também à impressão que produziu, entre os católicos, o espetáculo dos camponeses socialistas. Assim, dirigindo-se a Crispolti[5], o famoso orador Miglioli[6] observou brutalmente: "Você, marquês, vá e organize os camponeses com suas ideias!". Mas a ação social católica, precisamente por seu caráter de adaptação (as palavras são ousadas, a substância é mesquinha: o oportunismo) está destinada a dar lugar à ação socialista, devido

1 Não assinado, *L'Ordine Nuovo*, ano I, n. 7, 21 de junho de 1919. Seção "La settimana politica" [A semana política].

2 Revolucionários antipartidários.

3 Negro naquela época por vezes significava "católico", porque todos os padres usavam batina preta. Provável que Gramsci se referisse ao congresso dos católicos que ocorrera em Bolonha entre 14 e 16 de junho.

4 Possível referência ao organizador católico dos camponeses, Guido Miglioli, que nasceu na província de Cremona, em Castelnuovo Gherardi, a 25 quilômetros de Soresina.

5 Filippo Crispolti (1857-1942), político da ala moderada católica.

6 Guido Miglioli (1879-1954), sindicalista, organizador dos camponeses católicos de Cremona e fundador do jorna *L'Azione*.

ao fato de que os socialistas, para organizarem os camponeses, não têm precisamente a necessidade de "adaptar" suas ideias, pois essas são o substrato natural e espontâneo de qualquer ação sindical, quer se trate de operários, quer se trate de camponeses. A federação de trabalhadores da terra, força com 400 mil inscritos, tem diante de si ainda um longo caminho a percorrer, considerando-se a imensa massa de camponeses que, todavia, estão fora de qualquer movimento sindical. A federação tem seu maior desenvolvimento na planície da Emília, e é também natural que essa seja o centro, uma vez que se trata de região onde a estrutura agrícola cria-lhe quase automaticamente os seguidores. Mas ainda existem infinitas áreas da Itália central, meridional e insular que podem oferecer sucesso semelhante diante de um trabalho inteligente e constante de propaganda sindical e socialista. O problema da nacionalização da terra, do qual ocupou-se o congresso dos camponeses, discutindo amplamente o relatório Ciccotti[7], pode tornar-se o meio certo para uma rápida penetração nas massas até agora negligenciadas ou abandonadas à influência de poucos políticos. A federação dos trabalhadores da terra, por obra de seus dirigentes e pela contribuição crescente e ativa de todos os socialistas italianos, deve tornar-se sempre mais "nacional" e estender sua poderosa rede por todo o nosso campo, preparando, assim, por toda parte, os quadros da nova ordem.

[7] Gramsci refere-se ao relatório apresentado pelo parlamentar acerca da questão agrária.

OPERÁRIOS E CAMPONESES I[1]

Durante a guerra, e em função das necessidades da guerra, o Estado italiano assumiu as tarefas de regulação da produção e da distribuição de bens materiais. Realizou-se uma espécie de truste da indústria e do comércio, uma forma de concentração dos meios de produção e de troca e uma equalização das condições de exploração das massas proletárias e semiproletárias que determinaram seus efeitos revolucionários. Não é possível compreender o caráter essencial do período atual se não se levam em conta esses fenômenos e as consequências psicológicas por eles produzidas.

[1] Não assinado, *L'Ordine Nuovo*, ano I, n. 12, 2 de agosto de 1919, editorial, p. 87 e seg. Escrito no momento do maior conflito social do "biênio vermelho", esse artigo propõe um paralelo entre a situação italiana e a Revolução Russa de 1917 – paralelo esse que se apresenta com insistência nos textos de 1918 a 1921. Gramsci considera que tanto na Rússia quanto na Itália a situação político-social é condicionada por uma imponente questão camponesa; que a guerra teve, em ambos os casos, o efeito de tornar explícita e consciente uma revolta popular nascida antes, dando pela primeira vez às massas rurais a voz para poder exprimir-se coletivamente sobre o terreno das relações sociais e, assim, fazer pesar sua força; que as expressões políticas das massas rurais (em particular o Partido Popular, como na Rússia o Partido Socialista Revolucionário) sofreriam uma crise e uma cisão no momento em que o processo revolucionário chegasse à maturidade, assumindo contornos socialistas; que era, portanto, tarefa do Partido Revolucionário dar-se conta do potencial político expresso pelos movimentos rurais. Nessa perspectiva, a ideia de um conselho camponês liga-se à concepção de revolução de Gramsci, em parte mudada pela prática leninista e ao mesmo tempo em oposição às propagadas críticas ao bolchevismo provenientes dos ambientes massimalistas. Além dos artigos que se seguem, ver "La taglia della storia" [O tamanho da história], *L'Ordine Nuovo*, ano I, n. 5, 7 de junho de 1919, p. 31 e seg.; Antonio Gramsci, "Democracia operária", em *Homens ou máquinas?* (trad. Carlos Nelson Coutinho e Rita Coitinho, São Paulo, Boitempo, 2021), p. 83.

Nos países ainda atrasados do ponto de vista capitalista, como a Rússia, a Itália, a França e a Espanha, existe uma nítida separação entre a cidade e o campo, entre os operários e os camponeses. Na agricultura, sobrevivem formas econômicas puramente feudais, bem como a mentalidade que lhes corresponde. A ideia do Estado moderno liberal-capitalista ainda é ignorada; as instituições econômicas e políticas não são concebidas como categorias históricas, que tiveram um início, sofreram um processo de desenvolvimento e podem dissolver-se depois de terem criado as condições para formas superiores de convivência social. São concebidas, ao contrário, como categorias naturais, perpétuas, imutáveis. Na realidade, a grande propriedade agrária se manteve fora da livre concorrência; o Estado moderno respeitou sua essência feudal, inventando fórmulas jurídicas como a do fideicomisso*, que conservam de fato as investiduras e os privilégios do regime feudal. Por isso, a mentalidade do camponês continuou a ser a do servo da gleba, que se revolta com violência contra os "senhores" em determinadas ocasiões, mas é incapaz de conceber a si mesmo como membro de uma comunidade (a nação para os proprietários, a classe para os proletários) e de desenvolver uma ação sistemática e permanente no sentido de modificar as relações econômicas e políticas da convivência social.

A psicologia dos camponeses era, em tais condições, algo que escapava a qualquer controle; os sentimentos reais permaneceram ocultos, envolvidos e confundidos num sistema de defesa contra as explorações, meramente egoísta, sem continuidade lógica, que se

* Disposição especial prevista em testamento segundo a qual quem é constituído herdeiro tem a obrigação de manter a herança e, após um termo ou condição determinada no testamento, entregar a totalidade ou parte dela a outra pessoa. As disposições mais antigas a esse respeito datam do direito romano clássico. (N. T.)

materializava em bastante dissimulação e servilismo fingido. A luta de classes confundia-se com o banditismo, com a vingança, com o incêndio dos bosques, com o morticínio do gado, com o rapto de mulheres e crianças, com o assalto à Prefeitura; foi uma forma de terrorismo elementar, sem consequências estáveis e eficazes. Objetivamente, portanto, a psicologia do camponês foi reduzida a uma pequeníssima soma de sentimentos primitivos dependentes das condições sociais criadas pelo Estado democrático-parlamentar: o camponês era deixado à mercê dos proprietários e de seus sicofantas e dos funcionários públicos corruptos; e sua preocupação vital era a de defender-se fisicamente dos perigos da natureza elementar, dos abusos e da barbárie cruel dos proprietários e funcionários públicos. O camponês sempre viveu fora do domínio da lei, sem personalidade jurídica, sem individualidade moral: conservou-se como um elemento anárquico, o átomo independente de um tumulto caótico, refreado apenas pelo medo da polícia e do diabo. Não compreendia a organização, não compreendia o Estado, não compreendia a disciplina; paciente e tenaz no esforço individual de extrair da natureza escassos e magros frutos, capaz de enormes sacrifícios na vida familiar, era selvagemente impaciente e violento na luta de classes, incapaz de propor-se um objetivo geral de ação e de persegui-lo com perseverança e luta sistemática.

Quatro anos de trincheira e de exploração sangrenta mudaram radicalmente a psicologia dos camponeses. Essa mudança verificou-se em especial na Rússia e é uma das condições essenciais da revolução. O que o industrialismo, com seu processo normal de desenvolvimento, não fora capaz de produzir terminou sendo produzido pela guerra. A guerra obrigou as nações mais atrasadas do ponto de vista capitalista – e, portanto, menos dotadas de meios mecânicos – a recrutar todos os homens disponíveis, com o objetivo de opor grandes massas de carne viva aos instrumentos bélicos dos Impérios Centrais[2]. Para a Rússia, a guerra significou a reunião de indivíduos antes dispersos ao longo de um vastíssimo território, significou uma concentração humana que perdurou por anos e anos de sofrimento, com o perigo sempre imediato da morte, sob uma disciplina igual para todos e igualmente feroz: os efeitos psicológicos dessa permanência de condições similares de vida coletiva por tanto tempo foram imensos e com consequências imprevistas.

Os instintos individuais egoístas se atenuaram, modelou-se um espírito unitário comum, os sentimentos se identificaram, formou-se um hábito de disciplina social: os camponeses conceberam o Estado em sua complexa grandiosidade, em seu desmesurado poder, em sua complicada construção. Conceberam o mundo não mais como uma coisa tão indefinidamente grande quanto o universo ou tão mesquinhamente pequena quanto o campanário da aldeia, mas passaram a figurá-lo em sua concretude de Estados e povos, de forças e fraquezas sociais, de exércitos e máquinas, de riqueza e de pobreza. Estabeleceram-se vínculos de solidariedade que somente teriam sido suscitados por dezenas e dezenas de anos de experiência histórica e lutas intermitentes. Em quatro anos, na lama e no sangue das trincheiras, surgiu um mundo espiritual ávido por se afirmar em formas e instituições sociais permanentes e dinâmicas.

Assim nasceram no *front* russo os conselhos de delegados militares; foi assim que os soldados camponeses puderam participar ativamente na vida dos sovietes de Petrogrado, de Moscou e dos

2 Os "Impérios Centrais" eram a Alemanha e a Áustria-Hungria, que se coligaram na Primeira Guerra Mundial contra a Entente, formada inicialmente por Inglaterra, França e Rússia, e à qual aderiram, numa etapa posterior, a Itália e os Estados Unidos. (N. E. O)

outros centros industriais russos, adquirindo consciência da unidade da classe trabalhadora. E assim ocorreu que, à medida que o exército se desmobilizava e os soldados voltavam a seus locais de trabalho, todo o território do império, do [rio] Vístula ao Pacífico, foi se cobrindo de uma densa rede de conselhos locais, órgãos elementares de reconstrução estatal do povo russo. Sobre essa nova psicologia se funda a propaganda comunista que irradia das cidades industriais e é com base nisso que se criam as hierarquias sociais livremente promovidas e aceitas por meio das experiências da vida coletiva revolucionária.

As condições históricas da Itália não eram e não são muito diferentes daquelas da Rússia. O problema da unificação de classe dos operários e dos camponeses apresenta-se nos mesmos termos: ocorrerá na prática do Estado socialista e se fundará na nova psicologia criada pela vida comum nas trincheiras.

A agricultura italiana deve transformar radicalmente seus procedimentos a fim de sair da crise provocada pela guerra. A destruição do gado impõe a introdução de máquinas, exige a transição rápida para uma cultura industrial centralizada, bem como a disponibilidade de instituições técnicas ricas de recursos. Mas tal transformação não pode ocorrer em regime de propriedade privada sem provocar um desastre: é preciso que ocorra num Estado socialista, no interesse dos camponeses e dos operários, associados em unidades comunistas de trabalho. A introdução de máquinas no processo de produção sempre provocou crises profundas de desemprego, só lentamente superadas pela elasticidade do mercado de trabalho. As condições de trabalho estão hoje radicalmente abaladas: o desemprego agrário já se tornou um problema insolúvel por causa da impossibilidade efetiva de emigrar. A transformação industrial da agricultura só pode ocorrer com o consentimento dos camponeses pobres, em meio a uma ditadura do proletariado que se encarne em conselhos de operários industriais e camponeses pobres.

Os operários fabris e os camponeses pobres são as duas energias da revolução proletária. Para eles, em particular, o comunismo representa uma necessidade existencial: seu advento significa a vida e a liberdade, enquanto a permanência da propriedade privada significa o perigo iminente do esmagamento, da perda de tudo, até mesmo da vida física. Eles são o elemento irredutível, a continuidade do entusiasmo revolucionário, a férrea vontade de não aceitar compromissos, de prosseguir implacavelmente até as realizações integrais, sem se deixar desmoralizar pelas derrotas parciais e transitórias, sem se iludir em excesso com as vitórias fáceis.

São a espinha dorsal da revolução, os batalhões de ferro do exército proletário que avança, derrubando impetuosamente os obstáculos ou sitiando-os com suas marés humanas que trituram, que corroem com ação paciente, com extremo sacrifício. O comunismo é sua civilização: é o sistema de condições históricas nas quais vão adquirir uma personalidade, uma dignidade, uma cultura, por meio da qual se tornarão espírito criador de progresso e de beleza.

Qualquer trabalho revolucionário só tem probabilidade de êxito quando se funda nas necessidades vitais e nas exigências culturais dos operários fabris e dos camponeses. É indispensável que os líderes do movimento proletário e socialista o compreendam. E é necessário que entendam a urgência do problema de dar a essa força incoercível da revolução a forma adequada à sua psicologia ainda difusa.

Nas condições atrasadas da economia capitalista de antes da guerra, não foram possíveis o surgimento e o desenvolvimento de amplas e profundas organizações camponesas, nas quais os trabalhadores rurais se educassem numa concepção orgânica da luta de classes e na disciplina permanente necessária à reconstrução do Estado após a catástrofe capitalista.

As conquistas espirituais ao longo da guerra, as experiências comunistas acumuladas em quatro anos de exploração sangrenta, sofrida coletivamente, ombro a ombro nas trincheiras lamacentas e ensanguentadas, podem se perder caso não se insiram todos os indivíduos em organismos da nova vida coletiva, em cujo funcionamento e prática as conquistas podem solidificar-se, as experiências podem desenvolver-se, complementar-se, dirigir-se conscientemente para a realização de um objetivo histórico concreto. Assim organizados, os camponeses se tornarão um elemento de ordem e de progresso; abandonados a si mesmos, impossibilitados de desenvolver uma ação sistemática e disciplinada, tornar-se-ão um tumulto disforme, uma desordem caótica de paixões exasperadas até a barbárie mais cruel dos sofrimentos inauditos que se delineiam de modo cada vez mais terrível.

A revolução comunista é essencialmente um problema de organização e disciplina. Dadas as condições reais objetivas da sociedade italiana, serão protagonistas da revolução as cidades industriais, com suas massas compactas e homogêneas de operários fabris. Portanto, é preciso dar máxima atenção à nova vida que a nova forma de luta de classes suscita no interior da fábrica e no processo de produção industrial. Contudo, apenas com as forças dos operários fabris a revolução não poderá se afirmar de modo estável e generalizado; é preciso articular a cidade com o campo, criar no campo instituições de camponeses pobres sobre as quais o Estado socialista possa se fundar e se desenvolver, por meio das quais o Estado socialista possa promover a introdução das máquinas e determinar o grandioso processo de transformação da economia agrária. Na Itália, fazer isso é menos difícil do que se pensa: durante a guerra, ingressaram na fábrica urbana grandes massas da população rural, que logo foram atingidas pela propaganda comunista. Elas devem servir de cimento entre a cidade e o campo, devem ser utilizadas para realizar no campo uma propaganda que derrube desconfianças e rancores; devem ser empregadas para que, com base em seu profundo conhecimento da psicologia rural e na confiança de que desfrutam, tenha início precisamente a atividade necessária para determinar o surgimento e o desenvolvimento de novas instituições que incorporem ao movimento comunista a ampla força dos trabalhadores do campo.

OS ACONTECIMENTOS DE 2-3 DE DEZEMBRO DE 1919[1]

Quis o acaso que os dias de greve geral e intensos tumultos em toda a alta ou média Itália coincidissem com a eclosão espontânea de insurreição popular numa zona típica da Itália meridional, a zona de Andria[2]. A atenção dada à insurreição do proletariado urbano contra aquela parte da casta pequeno-burguesa que adquiriu uma fisionomia militarista durante a guerra – e agora não quer perdê-la – e contra a polícia desviou o olhar de Andria, impediu que se desse o correto destaque aos acontecimentos ali ocorridos, que fossem apreciados em seu devido valor. Esperamos fornecer a nossos leitores dados importantes de observação direta das causas e do desenrolar dos eventos e limitamo-nos, por ora, a observar como o caso, ao fazer coincidir as duas revoltas, forneceu quase um modelo do que terá de ser a revolução italiana.

De um lado, o proletariado no sentido estrito, isto é, os operários da indústria e da agricultura industrializada; de outro, os camponeses pobres – eis as duas alas do exército revolucionário. Os operários urbanos são revolucionários pela educação, tornaram-nos, assim, o

[1] Não assinado, *L'Ordine Nuovo*, ano I, n. 29, 6-13 de dezembro de 1919, p. 227 e seg. (trecho de "Gli avvenimenti, 2-3 de dezembro de 1919", em *Antonio Gramsci: escritos políticos* (Rio de Janeiro, Civilização Brasileira, 2004).

[2] Referência aos motins e às insurreições espontâneas que os camponeses pobres realizaram nos dias 1º e 3 de dezembro de 1919, em Andria. A cidade era composta por uma das ligas camponesas mais combativas do país e governada pelos socialistas desde 1914.

desenvolvimento da consciência e a formação da pessoa na fábrica, célula de exploração do trabalho; os operários da cidade olham hoje para a fábrica como lugar onde a libertação deve começar, no centro de irradiação do movimento de rebeldia: portanto, seu movimento é são, é forte e será vitorioso. Os operários estão destinados a ser, na insurreição urbana, o elemento extremo e ao mesmo tempo ordenador, aquele que não deixará parar a máquina posta em movimento e a manterá no caminho certo; representam hoje a irrupção das grandes massas na revolução e personificam vivamente o interesse e a vontade das próprias massas.

No campo, devemos contar, sobretudo, com a ação e o apoio dos camponeses pobres, dos "sem-terra". Serão empurrados pela necessidade de resolver o problema da vida, como ontem os camponeses de Andria – não só pela necessidade de lutar pelo pão, mas pela mesma necessidade contínua, pelo perigo sempre iminente de morte por fome ou por chumbo; serão forçados a exercer pressão sobre as outras partes da população agrícola para constrangê-las a criar um órgão de controle coletivo da produção também no campo. Esse órgão de controle, o Conselho Camponês, ao mesmo tempo que permite a existência de formas intermediárias de apropriação privada da terra (pequena propriedade), trabalhará pela coesão e pela transformação psicológica e técnica, será a base da vida comum no campo, o centro a partir do qual os elementos revolucionários poderão afirmar sua vontade de forma contínua e concreta.

Hoje é necessário que também os camponeses saibam o que há para fazer, que sua ação lance raízes profundas e tenazes, aderindo, como os operários, ao processo de produção da riqueza. Assim como estes olham para a fábrica, aqueles devem começar a olhar para o campo como a futura comunidade de trabalho.

A revolta em Andria diz-nos que o problema está maduro: é, afinal, o problema de todo o Sul da Itália, o problema da conquista efetiva da terra por aqueles que nela trabalham. O nosso partido[3] tem a obrigação de se colocar a questão e resolvê-la. A conquista da terra prepara-se hoje com as mesmas armas com que os operários preparam a conquista da fábrica, isto é, formando os organismos que permitem às massas trabalhadoras se autogovernar, em seu local de trabalho. Os movimentos operários e camponeses convergem naturalmente numa única direção, na criação dos órgãos do poder proletário.

A Revolução Russa encontrou sua força e sua salvação precisamente no fato de que na Rússia os operários e os camponeses, partindo de pontos opostos, movidos por sentimentos diferentes, se encontraram unidos por um propósito comum, numa única luta, porque ambos se convenceram, postos à prova, de que não poderiam se libertar da opressão dos senhores senão dando à própria organização de conquista uma forma que permitisse eliminar diretamente o explorador do campo da produção. Essa forma era o conselho, era o soviete. A luta de classes e a guerra camponesa, assim, uniram seus destinos de forma inseparável e tiveram um resultado comum no estabelecimento de um órgão dirigente de toda a vida do país.

Aqui o problema coloca-se nos mesmos termos. O operário e o camponês devem colaborar de forma concreta, direcionando suas forças ao mesmo organismo. A revolta encontrou-os unidos, talvez por acaso; a revolução deve encontrá-los conscientemente unidos

3 Referência ao Partido Socialista Italiano (PSI).

e de acordo. O controle da fábrica e a conquista das terras devem ser um problema único. Norte e Sul devem realizar juntos o mesmo trabalho, preparar-se juntos para a transformação da nação numa comunidade produtiva. Deve ser cada vez mais evidente que só os trabalhadores têm hoje a capacidade de resolver o problema do Sul de forma "unitária"; o problema da unidade que três gerações burguesas deixaram sem solução será resolvido por operários e camponeses colaborando numa forma política comum, na forma política a partir da qual conseguirão organizar e tornar vitoriosa sua ditadura.

OPERÁRIOS E CAMPONESES II[1]

A produção industrial deve ser controlada diretamente pelos operários organizados por empresa; a atividade de controle deve ser unificada e coordenada por meio de organismos sindicais puramente operários – os operários e os socialistas não podem conceber como útil a seus interesses e suas aspirações um controle sobre a indústria exercido pelos funcionários (corruptos, venais e não revogáveis) do Estado capitalista, uma forma de controle sobre a indústria que não significa outra coisa senão um ressurgimento dos comitês de mobilização industrial, que só foram úteis ao parasitismo capitalista.

O mote "a terra aos camponeses"[2] deve ser entendido no sentido de que a empresa agrícola e as manufaturas modernas precisam ser

1 Não assinado, *L'Ordine Nuovo*, ano I, n. 32, 3 de janeiro de 1920, p. 250. Seção "La settimana politica" [A semana política]. Logo após a grande onda de ocupações de terra, lideradas pelas associações de combatentes, de socialistas e de católicos, que a partir da metade de 1919 tomara a região do Lazio e o Sul (espécie de zona de latifúndios e plantações extensivas), o governo de Nitti interveio com uma orientação de urgência, o decreto régio de 2 de setembro de 1919, conhecido como Decreto Visocchi, nome do ministro da Agricultura. O decreto, com o título "Provvedimenti per l'incremento della produzione agraria" [Medidas para aumentar a produção agrícola], concedia aos prefeitos a faculdade de permitir às "associações agrárias ou entes legalmente constituídos" "a ocupação [...] de terrenos sobre os quais incidam questões de uso civil". A ocupação era convalidada por um máximo de quatro anos, mas poderia ser definitiva sob requisição da associação beneficiária, "sempre que se trate de terrenos suscetíveis de importantes transformações culturais ou que estejam sujeitos às obrigações de recuperação" (aqui, por meio da classificação como "terras incultas ou mal cultivadas", difundida na imprensa da época).

2 Gramsci aqui toma partido dos movimentos de ocupação de terras iniciados em 1919. A essa altura, ele tinha como horizonte as reformas em curso na Rússia revolucionária. Assim,

amaciaria, quando se tornam necessárias as sementes, os fertilizantes e os instrumentos de trabalho e pensa que ninguém lhe dará todas essas coisas indispensáveis, e pensa nos dias e nas noites que se seguirão em uma terra sem casa, sem água, com malária, o camponês sente sua impotência e sua solidão, sua condição desesperadora, e torna-se um bandido, não um revolucionário; torna-se um assassino dos "senhores", não um combatente pelo comunismo.

Talvez os operários e os camponeses revolucionários e os socialistas conscientes não tenham visto refletidos seus interesses e suas aspirações nas iniciativas parlamentares para o controle das terras "incultas e mal cultivadas" – talvez tenham enxergado nessas iniciativas somente o "cretinismo" parlamentar, a ilusão reformista e oportunista; talvez tenham visto a contrarrevolução. No entanto, a ação parlamentar poderia ter servido para informar *a todos* os operários e a *todos* os camponeses dos termos exatos do problema industrial e agrícola e dos *meios* necessários e suficientes para resolvê-lo. Teria servido para dar a conhecer à grande massa dos camponeses de *toda* a Itália que a solução do problema agrário *só* poderá ser aplicada pelos operários urbanos da Itália setentrional, só poderá ser levada a cabo pela ditadura proletária.

A burguesia do Norte sujeitou a Itália meridional e as ilhas e reduziu-as a colônias de exploração; o proletariado setentrional, emancipando a si mesmo da escravidão capitalista, emancipará as massas camponesas meridionais subjugadas aos bancos e ao industrialismo parasitário do Norte. A regeneração econômica e política dos camponeses não deve ser buscada em uma divisão das terras improdutivas, mas na solidariedade do proletariado industrial, que tem necessidade, por sua vez, da solidariedade camponesa; interessa também ao proletariado que o capitalismo não renasça economicamente da propriedade fundiária e que a Itália meridional e as ilhas não se tornem uma base militar da contrarrevolução capitalista. Impondo o controle operário sobre a indústria, o proletariado reorientará a indústria à produção de máquinas agrícolas para os camponeses, de tecidos e calçados para os camponeses, de luz elétrica para os camponeses; impedirá que a indústria e os bancos explorem os camponeses e os subjuguem como escravos dos cofres. Destruindo a autocracia na fábrica, quebrando o aparato opressivo do Estado capitalista, instaurando o Estado operário que subjugue os capitalistas à lei do trabalho útil, os operários destruirão todas as cadeias que prendem o camponês à miséria, ao desespero. Instaurando a ditadura operária, tendo em mãos as indústrias e os bancos, o proletariado orientará o enorme poder da organização estatal para dar suporte ao camponês em sua luta contra os proprietários, contra a natureza e contra a miséria. Fornecerá crédito aos camponeses, instituirá as cooperativas, garantirá a segurança pessoal e de seus bens contra os saqueadores. Fará obras públicas de reabilitação e de irrigação. Fará tudo isso porque é de seu interesse incrementar a produção agrícola, porque é de seu interesse que exista e que se conserve a solidariedade das massas camponesas, porque é de seu interesse transformar a produção industrial em trabalho útil de paz e fraternidade entre cidade e campo, entre o Norte e o Sul.

Nesse sentido, operários e camponeses conscientes devem desejar que a fração parlamentar se revolte: para realizar a obra de educação revolucionária das grandes massas, para unificar os sentimentos e as aspirações das grandes massas na compreensão do programa comunista; para difundir incessantemente a ideia de que os problemas atuais da economia industrial e agrícola só podem ser resolvidos fora do Parlamento, contra o Parlamento, pelo Estado operário.

AS POPULAÇÕES COLONIAIS[1]

As insurreições que ocorrem, com amplitude e intensidade cada vez maiores, entre as populações submetidas ao regime colonial permitem hoje, depois das experiências históricas determinadas pela Revolução Russa, estabelecer com certa exatidão o significado e o alcance deste enunciado do marxismo: o proletariado, ao se emancipar, libertará consigo todas as demais classes oprimidas.

A sujeição das populações coloniais foi a condição do desenvolvimento que o sistema capitalista alcançou antes da guerra: o esforço dos Estados burgueses para levar a cabo essa obra de sujeição, um esforço de expansão imperialista, serve para caracterizar toda a fase da história do capitalismo que leva à conflagração mundial, no curso da qual as relações da luta de classes se subvertem e as forças geradas pelo capitalismo ganham a capacidade de derrubar seu opressor e libertar-se.

No processo de seu desenvolvimento histórico, a burguesia industrial teve de continuamente encontrar soluções novas para os seguintes problemas: comprar matérias-primas baratas para suas fábricas; colocar a classe operária em condições de se alimentar a baixo custo, a fim de manter baixos os salários; criar condições de abastecimento que tornassem possível a absorção de crescentes

[1] Não assinado, *L'Ordine Nuovo*, ano II, n. 7, 26 de junho de 1920. Seção "La settimana politica" [A semana política].

massas de população rural pelas fábricas. Tais problemas foram resolvidos pela burguesia industrial mediante o poder de Estado sob formas sempre novas, mas com base numa sujeição cada vez mais implacável de novas massas da população mundial, incorporadas aos sistemas de dominação dos Estados nacionais como colônias diretas, como protetorados, como esferas de influência.

De 1870 a 1914, as relações entre a população urbana e a população rural se inverteram nos países europeus. Em 1871, a França ainda era predominantemente agrícola; e, com efeito, a derrota[2] substituiu, no poder governamental, a nobreza agrária, reacionária e clerical pela média burguesia industrial. Em 1913, a população rural representava apenas 40% da população francesa; durante a guerra, esse percentual diminuiu ainda mais. Toda a Europa industrial tendia, antes da guerra, a se tornar uma grande fábrica industrial; a luta pelos mercados coloniais de matérias-primas e de víveres tornara-se frequente e não podia senão levar ao conflito.

A hierarquia da exploração capitalista das classes obrigadas ao trabalho servil se consolidou do seguinte modo: o operário, transformando na fábrica as matérias-primas saqueadas nas colônias e alimentando-se dos víveres produzidos pela classe camponesa subjugada às necessidades urbanas, gera o lucro do capital; o camponês é levado à fome endêmica, já que deve produzir os víveres a baixo preço para as cidades e gerar a renda para o proprietário agrícola; a população colonial é submetida aos interesses da metrópole, tendo de produzir matérias-primas baratas para a indústria, isto é, deve deixar que se empobreçam o solo e o subsolo de seus países em benefício da civilização europeia, deve produzir víveres baratos para

[2] Refere-se à derrota da França na Guerra Franco-Prussiana.

extinguir o déficit de produção agrícola gerado na metrópole pela migração contínua de massas rurais para as cidades, a serviço direto do capital. As populações coloniais tornam-se, assim, a base de todo o aparato de exploração capitalista; elas devem consagrar toda a sua existência ao desenvolvimento da civilização industrial, sem obter com isso nenhum benefício, mas, ao contrário, vendo seu território nacional sistematicamente despojado de suas riquezas naturais, ou seja, vendo-se despojadas das condições necessárias para seu próprio desenvolvimento autônomo.

Essa luta do capitalismo contra as exigências vitais das massas trabalhadoras de todo o mundo atinge sua máxima intensidade durante a guerra. Os camponeses coloniais são despojados de tudo, são constrangidos a morrer de fome a fim de permitir que os Estados europeus em guerra se alimentem e resistam até o fim. Na Rússia, tais condições de exploração colonial se verificavam no próprio seio do Estado; o proletariado, conquistando o poder político, emancipando-se, liberta também a classe camponesa. O camponês russo – que sempre passara fome, que sempre dera à Europa ocidental, com sua fome, amplas possibilidades alimentares – finalmente pode nutrir-se, finalmente torna-se patrão de si mesmo. Esse simples fato representa um golpe mortal que atinge os interesses do capitalismo da Europa ocidental, que tem necessidade, para sua existência e seu desenvolvimento, da fome de milhões e milhões de camponeses russos. Derrubando o tsarismo, o proletariado russo destruiu uma das mais pesadas correntes que prendiam as populações da Ásia Menor e da Pérsia, deu fim aos fundamentos do sistema colonial britânico, colocou em questão a existência de todo o sistema capitalista. As insurreições que ocorreram entre as populações sujeitas ao regime colonial possibilitaram, assim, estabelecer também, sempre com maior precisão, a dimensão histórica das previsões enérgicas do proletariado internacional que, consciente da alta missão histórica que lhes toca realizar, luta por sua emancipação: a Revolução Russa é o início do esfacelamento mundial do regime econômico capitalista e do regime parlamentar; o movimento libertador do povo trabalhador russo inicia uma revolução absoluta e completa, que revolucionará a configuração social de todo o mundo.

A sublevação do mundo muçulmano contra os Estados europeus já determinou esse resultado: os senegaleses se recusam a enfrentar seus correligionários rebelados contra a França; as tropas indianas rejeitam se opor à Mesopotâmia e à Pérsia pelos ingleses contra as populações muçulmanas rebeladas. A ação de caráter mundial exercida pela Revolução Russa, como faísca histórica real que coloca em movimento todos os oprimidos e os explorados, fez-se sentir também na Itália com a insurreição muçulmana na Albânia. Na Inglaterra já se coloca a questão da convocação de forças militares britânicas para proteger as colônias; esse simples fato preocupa os dirigentes do Estado inglês. Na Itália, o que se desenrolou na Albânia de imediato provocou mal-estar e conflitos abertos[3].

Põe-se de modo inelutável o problema de saber se é possível continuar explorando as populações coloniais na proporção ocorrida até agora, e esse problema não será resolvido pelos Estados burgueses. A Europa ocidental promoveu o bloqueio à Rússia e pôs a pique o sistema industrial russo, que era ligado mais à Inglaterra e à Alemanha que a seus mercados nacionais: Petrogrado decaiu do *status* de grande cidade industrial, e a produção tende lentamente

[3] Os albaneses rebelados haviam constrangido as tropas italianas a retirar-se da cidade de Valona. Houve grandes manifestações na Itália pela retirada das tropas da Albânia. (N. E. I.)

a se reconstituir, nas mesmas bases de onde surgiu toda a formação industrial, ou seja, nos próprios centros das matérias-primas. A sublevação colonial pode e tende a se tornar um verdadeiro bloqueio contra os Estados capitalistas da Europa ocidental. Escapando da exploração capitalista estrangeira, as populações coloniais privariam de matérias-primas e de víveres as burguesias industriais europeias e levariam à decadência os centros de civilização que se formaram desde a queda do Império Romano até hoje. O capitalismo – assumindo, em sua fase imperialista, a forma extremada que hoje o caracteriza – colocou duas questões fundamentais: a industrialização em ampla escala da agricultura e a ampliação da civilização industrial a todo o mundo – não como opressão hierárquica da Europa sobre as colônias, mas como desenvolvimento autônomo de todas as populações. Esses dois problemas só poderão ser resolvidos pelo proletariado revolucionário, ou seja, pela classe que não tem interesses fundados na propriedade privada e nacional, mas em promover o desenvolvimento de todas as forças produtivas mundiais a fim de se expandir e de afirmar definitivamente sua liberdade.

A SARDENHA E A CLASSE OPERÁRIA[1]

Constituiu-se em Gênova uma federação de círculos sardos que assumiu o nome de Jovem Sardenha. A Federação da Ligúria quer tornar-se uma confederação italiana e, portanto, envia seus emissários para que convoquem, formem e organizem confederações. No domingo convocou-se a colônia sarda de Turim, mas os resultados da reunião foram muito diferentes do que esperavam seus fundadores.

Um grupo de operários da Sardenha deu à discussão um direcionamento claro e preciso. O professor Pietro Nurra[2], emissário do comitê central de Gênova, propusera a criação de uma das muitas associações regionalistas[3], de tipo pequeno-burguês, que se autoproclamam apolíticas e compilam programas genéricos de renovação, restauração, esclarecimento, propaganda. Os oradores socialistas argumentaram que cada ação de grupos associados para fins gerais que tocam a estrutura do Estado e a ação governativa é necessariamente política. Portanto, ou o apolitismo é a fórmula equívoca habitual que serve para esconder uma política real e inconfessável, ou os proponentes são simplistas

[1] Não assinado, *Avanti!* (edição piemontesa), ano XXIV, n. 41, 17 de fevereiro de 1920, p. 322-4.

[2] Pietro Nurra (1871-1951) foi um estudioso da literatura popular e do folclore que atuou como diretor da Biblioteca de Gênova entre 1913 e 1920. Foi ainda sindicalista e um dos organizadores da Giovane Sardegna, fundada em Gênova em 1919. Durante os anos do fascismo, deixou a atividade sindical, dedicando-se aos estudos históricos, especialmente sobre o período do *Risorgimento*.

[3] Refere-se à Giovane Sardegna.

irresponsáveis que promovem a ação coletiva sem ter um método, sem ter uma visão concreta dos objetivos a ser alcançados; neste segundo caso, é fácil prever que a "Jovem Sardenha" terá êxito apenas em conceder comendas e cruzes de cavaleiros a arrivistas vulgares e lançar algum novo político sem escrúpulos.

A intervenção enérgica do grupo socialista jogou a assembleia no caos: os "jovens sardos" tentaram em vão impedir que a discussão fosse dirigida de forma tão perigosa. Os operários socialistas sucederam-se na tribuna e reafirmaram seus conceitos de classe, recordando as dores da Sardenha, a miséria dos camponeses e dos operários sardos, explorados por todos os capitalismos: desde o inglês, que explora as minas, o piemontês, que explora as ferrovias, o romano, que explora o pastoreio, até o Estado italiano, que extrai, todos os anos, milhões e milhões em impostos, não restituídos de nenhuma forma e que servem somente para aliviar a carga tributária do continente. A maioria da assembleia não demorou a mostrar sua adesão às teses socialistas e a vaiar as armas retóricas da "Jovem Sardenha". O grupo socialista quis, por fim, que fosse submetida a votação esta moção:

> Para colocar o problema da Sardenha exatamente no quadro da atividade geral de governo das classes dirigentes italianas, é necessário lembrar que o Estado italiano foi estabelecido e desenvolvido de forma imperialista para servir aos interesses de restritos grupos capitalistas no Norte da Itália. A grande indústria e a alta banca hoje possuem poder estatal e o utilizam para extorquir lucros tanto à classe operária diretamente subjugada a seus cofres, quanto às regiões da Itália meridional e das ilhas, sob as formas de tarifas alfandegárias e de um sistema fiscal que faz recair sobre a miséria do Sul e das ilhas as despesas gerais do Estado.
>
> A Sardenha, assim, encontra-se diante do governo central em condições econômicas e políticas similares àquelas da classe operária diante do

capitalismo: os interesses da região coincidem com os interesses da classe operária e a única força histórica real que pode emancipar a população sarda do jugo da iníqua exploração que lhe impõe o Estado italiano é a classe operária organizada economicamente na CGdL (Confederazione Generale del Lavoro – ou Confederação Geral do Trabalho) e, politicamente, no Partido Socialista.

Quando a classe operária romper o domínio do capital, que tem sua máxima expressão no Estado burguês, ela emancipará consigo todos os explorados e os oprimidos.

controladas pelos operários agrícolas organizados por empresa agrícola e por manufatura, deve significar que a terra sob cultura extensiva precisa ser administrada pelos conselhos dos camponeses pobres dos vilarejos e dos povoados agrícolas – os operários agrícolas, os camponeses pobres revolucionários e os socialistas conscientes não podem conceber como útil aos objetivos da educação proletária, indispensável a uma república comunista, a propaganda por "terras não cultivadas ou mal cultivadas"[3]. Essa propaganda não pode ter outro resultado senão uma dissolução da consciência e da fé revolucionária, não pode ter outro resultado senão uma monstruosa difamação do socialismo. O que ganha um camponês pobre invadindo uma terra não cultivada ou mal aproveitada? Sem maquinário, sem casa no local de trabalho, sem crédito para aguardar a época da colheita, sem instituições cooperativas que adquiram a própria safra e o salvem das garras dos usurários (se o camponês chegar à colheita sem antes se enforcar no mais forte arbusto do bosque ou na menos raquítica figueira das terras virgens!), o que pode um camponês pobre esperar da invasão? Ele satisfaz, em um primeiro momento, seus instintos de proprietário, sacia sua avidez primitiva pela terra; em um segundo momento, quando percebe que os braços não lhe bastam para rasgar uma terra que somente dinamite

faz neste artigo uma defesa clara da tomada, pelos camponeses, das terras agricultáveis, no sentido de torná-las produtivas a fim de dar suporte às fábricas, que deveriam também ser ocupadas e dirigidas pelos operários. Gramsci está defendendo a organização dos conselhos de fábrica e busca aplicar a mesma ideia para o campo, validando a organização camponesa também em conselhos que poderiam gerir a produção agrícola, tornando-a cada vez mais semelhante, em termos organizativos, à produção fabril.

[3] Nessa passagem, coerente com a sua defesa da reorganização produtiva do campo em bases proletárias, Gramsci combate as medidas do Decreto Visocchi, que admitia a redistribuição das terras improdutivas ou devolutas para fins de reforma agrária. No entanto, como argumenta, essas terras ou não eram agricultáveis, ou ficavam em regiões de difícil acesso, o que tornava ineficaz o acesso à terra.

OPERÁRIOS E CAMPONESES III[1]

O jornal *La Stampa*[2] sustenta que, neste momento, um problema se destaca e domina todos os outros: primeiro restaurar a autoridade do Estado; precisamente para resolver essa questão existencial da sociedade italiana, *La Stampa* invocou e continua a invocar a colaboração da classe operária e do Partido Socialista. O "filósofo" do *Avanti!* contrapõe a ação da classe operária para restaurar o Estado burguês – como a única historicamente possível – à ação revolucionária da classe operária destinada a fundar o Estado operário (a ditadura do proletariado). Em seu artigo de ontem, o redator de *La Stampa* considera que colocar a fundação do Estado operário como um problema existencial contraria as normas da filosofia idealista, ao mesmo tempo que é conformista apresentar o problema da restauração do Estado burguês. E esse é um dos mais recônditos mistérios da filosofia idealista, que abomina os mitos revolucionários e considera mais conveniente o serviço prestado aos bancos e ao Estado burguês.

1 Não assinado, *Avanti!* (edição piemontesa), ano XXIV, n. 44, 20 de fevereiro de 1920, editorial. O artigo responde a "L'adorazione del mito" [A adoração do mito], publicado anonimamente em *La Stampa*, ano LIV, n. 43, 19-20 de fevereiro de 1920. Este, por sua vez, respondia a um artigo de Gramsci: "Il lanzo ubriaco" [O soldado embriagado], *Avanti!* (edição piemontesa), ano XXIV, n. 42, 18 de fevereiro de 1920. O artigo de *La Stampa* refutava as analogias entre Itália e Rússia e enfatizava os desastres do governo comunista em relação à questão da Hungria.

2 *La Stampa*: jornal político fundando em Turim em 1867. Seguia orientação liberal, muito ligada a Giollitti. Apoiou a campanha italiana na Líbia, mas se opôs, em 1915, à entrada da Itália na Primeira Guerra Mundial.

O redator de *La Stampa* protesta vigorosamente contra qualquer pessoa que se atreva a acreditar que ele seja capaz de perseguir as harmonias sociais e negar que a luta de classes seja a mola da história! Esse protesto vigoroso significa, portanto, que esse redator crê que no momento atual a história não precisa de mola; ou talvez signifique que ele afirma, em tese, que a luta de classes é a mola da história, mas que em certos casos particulares não deseja essas molas malévolas. A filosofia idealista, com suas austeridades e seu elogio à intolerância, também nesse caso sofre involuções misteriosas e labirínticas.

Tal redator abandona dolorosamente a suas ilusões demoníacas os comunistas, que fantasiam suprimir a luta de classes com a luta de classes, tal como (miseráveis!) aqueles democratas ingênuos que sonhavam em matar a guerra com a guerra. Os comunistas da Terceira Internacional têm um conjunto de doutrinas e teses a esse respeito que o jornalista deveria conhecer e demonstrar serem infundadas. O companheiro Trótski, por exemplo, sustenta que o significado mundial da Revolução Russa é este: a Revolução Russa é a primeira tentativa vitoriosa de uma classe operária nacional que crie as condições para uma economia organizada em escala mundial; o Estado operário russo é a primeira célula dessa organização imensa que a classe capitalista tentou implementar em seu próprio benefício, com a guerra imperialista e com o mito da Liga das Nações[3]. A polêmica sobre a guerra eterna e a eterna luta de

[3] Desde 1917 estava muito presente no grupo dirigente bolchevique (em Lênin, mas sobretudo em Trótski) a ideia de que a Revolução de Outubro, além de ser um fato político, constituía na cena internacional o primeiro passo para a superação da organização econômica criada pelo imperialismo. As expectativas de um processo revolucionário mundial na altura deste artigo ainda eram muito fortes por parte do governo bolchevique, e a expectativa de uma explosão na Europa também estava ligada à necessidade de trocas econômicas indispensáveis

classes foi resolvida pelos operários russos com armas em punho: passaram por sofrimentos; foi preciso que encarassem a fome, as mais atrozes privações, mas a controvérsia até agora terminou com a vantagem "dialética" da classe operária russa sobre o imperialismo mundial. É bem provável que a controvérsia seja resolvida na Itália de forma bastante semelhante à russa. O redator do jornal *La Stampa* está convencido de que a intervenção do Estado no processo de produção e troca é mero acaso, um acontecimento infeliz que certo "decreto" do poder governamental restaurado poderá destruir para a felicidade da humanidade: os comunistas da Terceira Internacional estão antes convencidos de que o "acontecimento" é uma consequência necessária do processo de desenvolvimento da sociedade dividida em classes. Eles, portanto, colocam o problema nestes termos: a favor de quem deve ser dirigido o poder estatal que unificou e centralizou o processo produtivo? A favor da plutocracia ou da classe operária? E eles respondem: é necessário que a classe operária tome o poder do Estado para transformá-lo a seu favor e a favor dos camponeses pobres.

A questão dos camponeses assombra o redator de *La Stampa*. E ele joga com ela alegremente, triunfantemente. Os camponeses serão o martelo do comunismo: atenção, operários! Quereis libertar vosso pescoço dos pés bem calçados da burguesia moderna civilizada: encontrareis em vossa nuca a bota do camponês! O escritor do jornal também nos demanda imperiosamente uma descrição precisa e detalhada das formas que assumirá a revolução da classe

à economia socialista russa. Ver, por exemplo, "In cammino: riflessioni sul corso della rivoluzione proletaria" [A caminho: reflexões sobre o curso da revolução proletária], em Leon Trótski, *Problemi della rivoluzione in Europa* [Problemas da revolução na Europa] (org. Livio Maitan, Milão, Mondadori, 1979 [1919]), p. 77-91. (N. E. I.)

operária urbana. A questão do campesinato e o problema das "formas" estão intimamente ligados. É nesse ponto que se baseia a controvérsia entre os intransigentes e os oportunistas. A luta de classes ainda não assumiu formas difusa e conscientemente orgânicas no campo: é certo que a revolução proletária não terá assumido sua forma decisiva até que a classe dos camponeses pobres e dos pequenos proprietários de terras se separe violentamente dos partidos políticos de coligação camponesa. Na Alemanha e na Hungria[4], o movimento dos proletários não foi acompanhado por um movimento das camadas camponesas pobres: as cidades sublevadas foram abandonadas, rodeadas pela incompreensão e pela indiferença do campo, e a reação clerical e capitalista apoiou-se solidamente no campo. Na Rússia, a revolução proletária de novembro foi precedida por irresistíveis movimentos revolucionários no campo: o Partido dos Camponeses Russos[5] (os populistas ou sociais revolucionários) dividiu-se em dois troncos como resultado desse movimento, e o

[4] As revoltas revolucionárias de 1919 na Alemanha e na Hungria estiveram entre os momentos da crise europeia do pós-guerra. Na Alemanha, após a proclamação da República e a fuga do rei Guilherme II (10 de novembro de 1918), o movimento revolucionário (liderado pelo Partido Comunista, nascido de uma cisão social-democrata em dezembro de 1918) envolveu-se numa tentativa de insurreição que foi derrubada pela repressão do governo social-democrata (em 15 de janeiro de 1919, Rosa Luxemburgo e Karl Liebknecht foram assassinados); a onda revolucionária deslocou-se, então, para a Baviera, onde em abril do mesmo ano proclamou-se a república dos conselhos, que caiu afogada num banho de sangue. Na Hungria, a Assembleia Nacional proclamou a República em 7 de novembro de 1918, e em 21 de março de 1919 foi formada uma coligação governamental liderada pelo comunista Béla Kun, que, na onda do movimento popular, tentou estabelecer um governo de conselhos. Espremido pelo cerco militar e não tendo resolvido o problema da oposição do campo durante o "comunismo de guerra", o governo socialista foi derrubado em 1º de agosto de 1919, e o líder das forças contrarrevolucionárias, Miklòs Horthy, foi eleito regente. (N. E. I.)

[5] O Partido dos Camponeses Russos, ou Partido Socialista-Revolucionário, liderado por Víktor Tchérnov, desenvolveu uma forte base de apoio rural, especialmente na região central da Rússia, nos anos que precederam a Revolução de 1917.

Exército, composto em sua maioria por camponeses, se decompôs. A classe operária urbana aproveitou-se dessas condições de esfacelamento do Estado, profundamente abalado por esses colossais movimentos rurais, e tomou de assalto o poder governamental. A "tragédia" da Assembleia Constituinte consistiu nisto: a maioria de seus delegados camponeses era de populistas de direita, enquanto no congresso dos sovietes a maioria dos delegados camponeses era de comunistas ou populistas de esquerda: a Assembleia Constituinte[6], eleita com base nas listas da coalizão populista, reproduzia uma fisionomia política dos camponeses que fora destruída e superada pela luta de classes e pela revolução dos camponeses pobres.

A luta de classes eclodirá violenta e irresistível também no campo italiano: também na Itália o Partido Popular se dividirá em dois troncos; certamente, os vínculos religiosos não bastam para frear a luta de classes, que é "a mola da história". E também na Itália será a classe operária a se colocar na vanguarda da revolução, porque, entre os oprimidos pela propriedade privada, somente o proletariado possui uma doutrina política, o marxismo, uma cultura, uma psicologia unitária, uma disciplina, porque somente a classe operária pode, a partir do mundo do trabalho, da fábrica, organizar uma nova sociedade capaz de vida e desenvolvimento. A classe operária está, assim, historicamente madura a ponto de resistir às insidiosas propagandas dos agentes ideológicos da burguesia? Deve-se entender que uma colaboração com os partidos burgueses, representando

6 Refere-se à Assembleia Constituinte russa que se reuniu pela primeira vez em 18 de janeiro de 1918. Eleita a partir de listas formadas durante o governo Kérenski, exibia uma clara prevalência de socialistas revolucionários (410 de 707 deputados, contra 175 bolcheviques), tendência política que representava em grande parte os camponeses. A Assembleia Constituinte foi rejeitada pelo governo soviético, impedida de funcionar e, portanto, dissolvida. (N. E. I.)

os interesses da plutocracia capitalista, atrasaria o advento da violenta luta de classes no campo, manteria intacta a estrutura das forças armadas, e que o Estado "restaurado" se aproveitaria disso para uma ofensiva geral contra os operários, mais uma vez ridicularizados e enganados? Estará madura a esse ponto a classe operária? *La Stampa*, com suas ofensivas de gás envenenado, testa o terreno; por isso dissemos que seus artigos são um episódio da luta de classes e por isso respondemos a eles.

O CONGRESSO DE LIVORNO[1]

O Congresso de Livorno[2] está destinado a tornar-se um dos acontecimentos históricos mais importantes da vida italiana contemporânea. Em Livorno será finalmente apurado se a classe operária italiana tem a capacidade de fazer nascer de suas fileiras um partido autônomo; veremos se as experiências de quatro anos de guerra imperialista e de dois anos de agonia das forças produtivas mundiais deram à classe operária italiana a consciência de sua missão histórica.

A classe operária é classe nacional e internacional. Deve estar à frente do povo trabalhador que luta para emancipar-se do jugo do capitalismo industrial e financeiro em nível nacional e internacional. A tarefa nacional da classe operária é fixada pelo processo de desenvolvimento do capitalismo italiano e do Estado burguês, que é sua expressão oficial. O capitalismo italiano conquistou o poder

[1] Não assinado, *L'Ordine Nuovo*, ano I, n. 13, 13 de janeiro de 1921, editorial. Este artigo está entre os mais importantes testemunhos do espírito com que Gramsci e a fração comunista enfrentaram o iminente congresso socialista e a cisão comunista que a ele se seguiu. Nele, é central a visão totalizante da questão nacional italiana e, nela, as relações Norte-Sul, dentro de uma perspectiva revolucionária de escala mundial.

[2] Entre os dias 15 e 21 de janeiro de 1921 foi realizado o XVII Congresso do Partido Socialista Italiano, no Teatro Carlo Goldoni, na cidade de Livorno. O artigo de Gramsci faz parte de um debate de preparação para o congresso, com suas análises e expectativas sobre a capacidade de criação de um partido autônomo e revolucionário da classe operária. No evento, a fração comunista, liderada por Amadeo Bordiga, foi a única a acreditar na possibilidade da revolução iminente. No dia 21 de janeiro, houve uma convocação para o Teatro San Marco, com objetivo de fundar um partido comunista, seção italiana da Terceira Internacional.

ao longo desta linha de desenvolvimento: subjugou o campo às cidades industriais e subjugou o Centro e o Sul da Itália ao Norte. A questão da relação entre a cidade e o campo surge no Estado burguês italiano não apenas como questão da relação entre as grandes cidades industriais e o campo imediatamente ligado a elas na mesma região, mas como questão da relação entre uma parte do território nacional e outra parte, absolutamente distinta e caracterizada por suas conhecidas particularidades. Assim o capitalismo exerce sua exploração e seu domínio: na fábrica, diretamente sobre a classe operária; no Estado, sobre as camadas mais amplas do povo trabalhador italiano, compostas por camponeses pobres e semiproletários. É certo que só a classe operária, ao arrancar o poder político e econômico das mãos dos capitalistas e dos banqueiros, é capaz de resolver o problema central da vida nacional italiana, a questão meridional; é certo que só a classe operária pode completar o laborioso esforço de unificação que começou com o *Risorgimento*. A burguesia unificou territorialmente o povo italiano; a classe operária tem a tarefa de completar o trabalho da burguesia, tem a tarefa de unificar econômica e espiritualmente o povo italiano. Isso só pode acontecer pela ruptura da atual máquina estatal burguesa, que se baseia numa sobreposição hierárquica do capitalismo industrial e financeiro às outras forças produtivas da nação; essa convulsão só pode ocorrer pelo esforço revolucionário da classe operária diretamente subjugada ao capitalismo, só pode ocorrer em Milão, Turim, Bolonha, nas grandes cidades de onde saem os milhões de fios que compõem o sistema de dominação do capitalismo industrial e bancário sobre todas as forças produtivas do país. Na Itália, devido à configuração particular de sua estrutura econômica e política, não só é verdade que a classe operária, ao emancipar-se, emancipará todas as outras classes oprimidas e exploradas; é verdade que essas outras classes nunca poderão se emancipar, exceto unindo forças à classe operária e mantendo essa aliança permanente, mesmo que atravessando os sofrimentos mais duros e as provações mais cruéis. A ruptura que ocorrerá em Livorno entre comunistas e reformistas terá este significado em particular: a classe operária revolucionária separa-se daquelas correntes degeneradas do socialismo que apodreceram no parasitismo estatal, destaca-se daquelas correntes que procuraram explorar a posição superior do Norte sobre o Sul para criar aristocracias proletárias, que juntamente com o protecionismo aduaneiro burguês (forma legal do domínio do capitalismo industrial e financeiro sobre as outras forças produtivas nacionais) criaram um protecionismo cooperativo e acreditavam emancipar a classe operária pelas costas da maioria dos trabalhadores. Os reformistas apresentam como "exemplar" o socialismo de Reggio Emilia, gostariam que acreditássemos que toda a Itália e o mundo inteiro podem se tornar uma grande Reggio Emilia. A classe operária revolucionária afirma repudiar tais formas espúrias de socialismo: a emancipação dos trabalhadores não pode ocorrer por meio do privilégio conquistado para uma aristocracia da classe operária, do compromisso parlamentar e da chantagem ministerial; a emancipação dos trabalhadores só pode se dar através da aliança dos operários industriais do Norte e dos camponeses pobres do Sul para derrubar o Estado burguês, para fundar o Estado dos operários e camponeses, para construir um novo aparelho de produção industrial que atenda às necessidades da agricultura, que sirva para industrializar a atrasada agricultura italiana e, portanto, para aumentar o nível de bem-estar nacional em benefício das classes trabalhadoras.

A revolução operária italiana e a participação do povo trabalhador italiano na vida do mundo só podem ocorrer no quadro da revolução mundial. Já existe semente de um governo mundial operário: é o Comitê Executivo da Internacional Comunista[3] que emergiu do II Congresso. A vanguarda da classe operária italiana, a fração comunista do Partido Socialista, afirmará em Livorno a necessária e essencial disciplina e fidelidade ao primeiro governo mundial da classe operária: na verdade, fará desse ponto o ponto central da discussão no congresso. A classe operária italiana aceita o máximo de disciplina, porque quer que todas as outras classes operárias nacionais aceitem e observem o máximo de disciplina.

A classe operária italiana sabe que não pode se emancipar nem emancipar todas as outras classes oprimidas e exploradas pelo capitalismo nacional se não existir um sistema de forças revolucionárias mundial que conspire para o mesmo fim. A classe operária italiana está disposta a ajudar as outras classes operárias em seu esforço de libertação, mas quer ter também uma garantia de que as outras classes a auxiliarão em seu esforço. Essa garantia apenas se dá pela existência de um poder internacional fortemente centralizado que goze da confiança plena e sincera de todos os associados, que esteja em condições de colocar em movimento seus efetivos com a mesma velocidade e a mesma precisão com que age, por sua conta e de acordo com o interesse da burguesia, o poder mundial do capitalismo.

Fica evidente, assim, que as questões que hoje atormentam o Partido Socialista e que serão definidas no Congresso de Livorno

[3] Durante o II Congresso da Internacional Comunista, entre 19 de julho e 7 de agosto de 1920, na cidade de Petrogrado e Moscou, decidiu-se pela constituição de um Comitê Executivo da Internacional Comunista (Ceic), órgão dirigente entre os intervalos dos congressos da Internacional.

não são meras questões internas de partido, não são conflitos pessoais entre indivíduos. Em Livorno discutir-se-á o destino do povo italiano, em Livorno terá início um novo período da história da nação italiana.

CARTA PELA FUNDAÇÃO DO JORNAL *L'UNITÀ*[1]

12 de setembro de 1923

Ao Comitê Executivo do PCI

Caros companheiros,

em sua última seção, o Presidium[2] decidiu que seja publicado na Itália um periódico operário redigido pelo C. E[3]., ao qual poderão

[1] *Rivista Storica del Socialismo*, ano VI, n. 18, janeiro-abril de 1963, p. 115-6. Esta carta, enviada de Viena, insere-se na discussão que deu origem à reconstituição do núcleo de *L'Ordine Nuovo* como grupo dirigente do PCdI e é o primeiro documento em ordem cronológica que evidencia a vontade de Gramsci de mover-se nessa direção e, portanto, assumir a liderança do partido. Após o fracasso das negociações conduzidas pela Internacional para a fusão do PSI e do PCdI, em agosto de 1923, a irmandade Terzina, próxima das posições da Internacional e reunida em torno da revista *Pagine Rosse* [Páginas vermelhas] (entre outros, Giacinto Menotti Serrati, Francesco Buffoni, Mario Malatesta, Fabrizio Maffi, Ezio Riboldi, Giuseppe di Vittorio, que aderiram ao PcdI), foi expulsa do Partido Socialista. Após a ruptura da fração terceiro-internacionalista com o PSI, o Presidium da Internacional decidiu pela fundação de um periódico que fosse, ao mesmo tempo, um instrumento de unificação. Em carta de Otto Kuusinen em nome do *presidium*, datada de 5 de setembro de 1923, de Moscou, e endereçada ao comitê central do PCdI e ao grupo dirigente dos *terzini*, davam-se as seguintes indicações: "O jornal, que deve aparecer sem identificação do partido, será redigido em conjunto por integrantes do PCI e de membros da fração fusionista do PSI [...] deverá dar às massas italianas as diretivas e a palavra de ordem sobre todas as questões políticas e sindicais". Paolo Spriano, *Storia del Partito Comunista Italiano*, v. I (Turim, Einaudi, 1977), p. 297. A importância desse documento foi ressaltada por [Palmiro] Togliatti, que o cita de memória datando-o erroneamente de janeiro de 1924. Idem, *La formazione del gruppo dirigente del Partito Comunista Italiano nel 1923-1924* (Roma, Riuniti, 1962), p. 39. Encontrada por Stefano Merli, a carta foi publicada na *Rivista Storica del Socialismo*, de onde a retiramos, uma vez que não foi possível, por falta de indicações, encontrar o documento nos papéis do Arquivo Central do Estado.

[2] Comitê Central.

[3] Comitê Executivo.

dar sua colaboração política os terceiro-internacionalistas excluídos do Partido Socialista. Quero comunicar-lhes minhas impressões e opiniões acerca disso.

Acredito ser muito útil e necessário, dada a atual situação italiana, que o jornal se organize de modo a assegurar sua existência legal pelo maior tempo possível. Portanto, o jornal não só não deve ter indicação de partido, como deve ser redigido de tal forma que sua dependência de fato de nosso partido não seja evidente. Terá de ser um jornal de esquerda, da esquerda operária, mantida fiel ao programa e à tática da luta de classes, que publicará atos e discussões de nosso partido, como possivelmente também o fará para atos e discussões dos anarquistas, dos republicanos e dos sindicalistas e apresentará suas opiniões em tom desinteressado, como se estivesse numa posição superior à luta e tivesse um ponto de vista "científico". Entendo que não é muito fácil articular tudo isso em um programa escrito. Mas o que importa não é fixar um programa escrito; é, antes, garantir ao próprio partido, que historicamente tem uma posição dominante no campo da esquerda operária, uma tribuna legal que lhe permita chegar às mais amplas massas de forma contínua e sistemática.

Os comunistas e os serratianos[4] colaborarão no jornal manifestamente, isto é, assinando os artigos com o nome dos elementos proeminentes, segundo um plano político que aborde, mês a mês – eu diria, semana a semana –, a situação geral do país e as relações que se desenvolvem entre as forças sociais italianas. Teremos de estar atentos aos serratianos, que tenderão a transformar o jornal num órgão

[4] Refere-se ao grupo organizado em torno da figura de Giacinto Menotti Serrati, (1872-1926). Foi dirigente do PSI e diretor do *Avanti!* depois de 1914. Durante a Primeira Guerra Mundial, posicionou-se favoravelmente aos bolcheviques e defendeu a adesão do PSI à Terceira Internacional. Liderou a ala maximalista do partido que em 1924 fundiu-se ao PCd'I.

fracionista na luta contra a direção do P. S. Será imprescindível muita severidade nisso, evitando-se qualquer degeneração. A polêmica ocorrerá necessariamente, mas com espírito político, não sectário, e dentro de certos limites. Devemos estar atentos às tentativas de se criar uma situação "econômica" para Serrati, que está desempregado e muito provavelmente será apontado por companheiros como redator ordinário. Serratti colaborará assinando e não assinando; seus artigos assinados deverão, porém, ter um limite, e os não assinados terão de ser aceitos por nosso C. E. Será necessário travar, de princípio, com os socialistas – ou melhor, com o espírito socialista de Serrati, Maffi etc. – as polêmicas que serão úteis para reforçar a consciência comunista das massas e para preparar a unidade e a homogeneidade do partido que serão necessárias após a fusão, a fim de evitar uma recaída na situação caótica de 1920.

Proponho como título *L'Unità*, puro e simples, que terá um significado para os operários e terá um significado mais geral, porque acredito que depois da decisão do Secretariado sobre o governo operário e camponês devemos dar especial importância à questão meridional, isto é, à questão na qual as relações entre operários e camponeses surgem não apenas como problema de relações de classe, mas também e especialmente como problema territorial, isto é, como um dos aspectos da questão nacional. Pessoalmente, acredito que a palavra de ordem "governo operário e camponês" deveria ser adaptada na Itália da seguinte forma: "República federal dos operários e dos camponeses". Não sei se o momento atual é favorável a isso, mas acredito que a situação que o fascismo está criando e a política corporativa e protecionista dos confederados conduzirão nosso partido a essa palavra de ordem. A esse respeito, estou preparando um relatório para vossa discussão e exame. Se for útil, depois de alguns números será possível iniciar uma polêmica no jornal com pseudônimos e ver que repercussões isso terá no país e nas camadas de esquerda da população e dos democratas, que representam as tendências reais da classe camponesa e sempre tiveram, em seu programa, a palavra de ordem da autonomia local e da descentralização. Caso aceitem *L'Unità*, ficará livre o campo para a solução desses problemas, e o título será uma garantia contra a degeneração autonomista e contra as tentativas reacionárias de dar interpretações tendenciosas e policialescas às campanhas que se possam fazer; ao mesmo tempo, creio que o regime de sovietes, com sua centralização política dada pelo Partido Comunista e com a descentralização administrativa e a coloração das forças populares locais, encontra uma excelente preparação ideológica na palavra de ordem: República federal dos operários e camponeses.

Saudações comunistas,

Gramsci

O SUL E O FASCISMO[1]

Fato central da luta política italiana atual é a tentativa de solução que o Partido Nacional Fascista[2] quis dar às relações entre o Estado-governo e o Sul.

O Sul (*Mezzogiorno*) tornou-se a reserva da oposição constitucional. O Sul manifestou uma vez mais sua diferença "territorial" para com o restante do Estado, sua vontade de não se deixar absorver impunemente por um sistema unitário exasperado – o que significaria apenas um incremento das antigas opressões e das velhas explorações –, entrincheirando-se dentro de uma série de posições constitucionais parlamentares, de democracia formal, que têm em si seu valor e seu significado, já que o Partido Nacional Fascista considerou oportuno – para decapitar o movimento de seus santos Orlando[3], De Nicola[4] – fazer as concessões

1 Não assinado, *L'Ordine Nuovo*, ano I, n. 2, 15 de março de 1924, p. 8. Seção "Note politiche" [Notas políticas]. O artigo, enviado de Viena, é a mais importante apresentação pública da estratégia [de Gramsci] para o Sul.

2 O Partido Nacional Fascista (PNF) foi fundado por Benito Mussolini no dia 9 de novembro de 1921.

3 Vittorio Emanuele Orlando (1860-1952), importante político para a história italiana, foi ministro da Educação em 1903 (governo Giolitti) e atuou no governo de Salandra (1914) e de Boselli (1916). Apoiou o fascismo e foi eleito deputado em abril de 1924 pela lista dos fascistas. Voltou ao cenário político em 1948, quando se tornou senador.

4 Enrico de Nicola (1877-1959), importante advogado e político conservador, foi candidato pela lista dos fascistas para as eleições de abril de 1924.

que fez[5]. Mussolini, em suma, não fez mais que aplicar a tática de Giolitti a uma situação nova, infinitamente mais difícil e complicada que todas as situações passadas, com uma população que, pelo menos em parte, acordou e começou a participar da vida pública, num período em que a diminuição da emigração coloca com maior violência problemas de classe, que tendem a se tornar problemas "territoriais" porque o capitalismo se apresenta como um estrangeiro para a região, assim como o governo que administra os interesses do capitalismo.

Muitos companheiros se perguntam, com frequência, por que os dois grandes jornais do Norte da Itália, *Corriere della Sera*[6] e *La Stampa*, se opõem ao fascismo. Não foi o fascismo que criou a situação que esses jornais queriam? Não teriam esses dois jornais contribuído em muito para a sorte do fascismo nos anos 1920 e 1921? Por que estão hoje a trabalhar na direção oposta, a trabalhar para despojar o fascismo de sua base popular, para minar o terreno sob seus pés, causando estragos e orientando as massas pequeno-burguesas aos "ideais de liberdade"?

Evidentemente, *Corriere della Sera* e *La Stampa* não são dois jornais "puros", que só tendem a manter e alargar o círculo de assinantes e leitores, insistindo em razões caras à mentalidade das massas: se assim fosse, a esta altura ambos conheceriam o ferro e a gasolina dos esquadrões fascistas e a "ocupação" por editores leais aos novos patrões. *Corriere* e *La Stampa* não foram ocupados, não se deixaram ocupar porque estes três níveis de "instituições" nacionais

[5] Concretamente, o governo fascista apresentou a candidatura a Vittorio Emanuele Orlando e a Enrico de Nicola na lista única nacional, garantindo sua eleição em março de 1924. (N. E. I.)

[6] *Corriere della Sera*, jornal fundado em 5 de março de 1876.

não foram ocupados e não se deixaram ocupar: o Estado-maior, os bancos (isto é, *La Banca*, banco comercial que exerce um monopólio inconteste) e a Confederação Geral da Indústria.

La Stampa e *Corriere* são tradicionalmente dois representantes dessas "instituições", os dois partidos dessas instituições nacionais. *La Stampa*, mais "esquerdista", hoje coloca abertamente a questão de um governo socialista radical como possível sucessor do fascismo, que não seria alheio a uma experiência "MacDonald"[7] na Itália – *La Stampa* vê o perigo meridional e procura resolvê-lo determinando a entrada da aristocracia operária no sistema de hegemonia governamental norte-piemontesa, ou seja, procura que as forças revolucionárias do Sul sejam decapitadas nacionalmente, que se torne impossível uma aliança entre as massas camponesas do Sul, que sozinhas nunca serão capazes de derrubar o capitalismo, e a classe operária do Norte, envolvida e desonrada numa aliança com os exploradores. *Corriere* tem uma concepção mais "unitária", mais "italiana", por assim dizer – mais comercial e menos industrial –, da situação. *Corriere* apoiou Salandra e Nitti[8], os dois primeiros presidentes meridionais (os presidentes sicilianos representavam a Sicília, não o Sul, porque a questão siciliana é notoriamente distinta da questão meridional). O jornal era a favor da Entente e não da Alemanha, como *La Stampa*; ele é um livre-cambista permanente – e não apenas nos períodos eleitorais giolittianos; ele não teve medo, como *La Stampa*, durante a guerra, de que o aparato estatal passasse das mãos da burocracia maçônica de Giolitti para as mãos dos

[7] Possivelmente refere-se a Francesco MacDonald (1777-1837), militar de origem napolitana que, após ter combatido contra os republicanos, aderiu à revolução.

[8] Francesco Saverio Nitti (1868-1953), primeiro-ministro da Itália entre 23 de junho de 1919 e 15 de junho de 1920.

"Pugliesi"[9] de "Salandra": *Corriere* está mais apegado ao conservadorismo, até faria uma aliança com os reformistas, mas só depois de sua passagem por muitas forcas caudinas*; *Corriere* quer um governo "Amendola"[10], isto é, que a pequena burguesia do Sul – e não a aristocracia da classe operária do Norte – se torne oficialmente parte do sistema de forças de fato dominantes: quer uma democracia rural na Itália, com Cadorna[11] como seu líder militar e não um Badoglio[12], como gostaria *La Stampa*, que tem um Poincaré[13] italiano como líder político, não um Briand[14] italiano. *Corriere* não

9 Procedente de Puglia, parte oriental costeira da região Sul da Itália. Frequentemente, *pugliesi* aparece como sinônimo de sulista.

* Forcas caudinas eram instrumentos medievais destinados a humilhar publicamente os prisioneiros. (N. T.)

10 Possivelmente refere-se a Giovanni Amendola (1882-1926). Foi professor de filosofia e político italiano, condecorado como herói de guerra (Primeira Guerra Mundial). Como parlamentar, foi um dos líderes da fração democrático-liberal do Parlamento que compunha a oposição constitucional aos fascistas.

11 Luigi Cadorna (1850-1928) foi um político e marechal de campo italiano, famoso como comandante em chefe do Exército de seu país durante a primeira parte da Primeira Guerra Mundial. Cadorna é conhecido como um líder ineficaz, que não prezava muito a vida dos seus comandados. Como chefe das forças italianas, não resistiu ao vexame em Caporetto e foi dispensado do seu posto de comando e substituído por Armando Diaz (1861-1928) e Pietro Badoglio (1871-1956).

12 Pietro Badoglio (1871-1956) foi um militar italiano.

13 Refere-se Raymond Poincaré (1860-1934). Político francês de direita, foi deputado a partir de 1887, ministro da Instrução Pública (1893 e 1894) e das Finanças (1894 e 1896); senador (1903-1913), primeiro-ministro em 1912, também ocupou o Ministério das Relações Exteriores, comprometendo-se a fortalecer os laços com a Grã-Bretanha e a Rússia com uma função antialemã. Eleito presidente da República (17 de janeiro de 1913), contribuiu, com a sua rigidez, para o agravamento geral da situação que, em 1914, conduziu à Primeira Guerra Mundial. Em 1920, Poincaré presidiu a comissão de reparações, depois foi novamente chefe de governo e ministro das Relações Exteriores (1922-1924). Apoiador da aplicação integral das cláusulas do Tratado de Versalhes, causou, com sua intransigência na questão das reparações, o fracasso das conferências de Londres (1922) e ordenou em janeiro de 1923 que as tropas francesas ocupassem o Ruhr.

14 Aristide Briand (1862-1932). Teve seu nome imortalizado pelo pacto Briand-Kellogg. Foi um político e diplomata francês. Socialista revolucionário na juventude e deputado a partir

sente tanto medo como *La Stampa* de que tenhamos um novo período como a década de 1890 e 1900, quando as insurreições dos camponeses sulistas estavam automaticamente ligadas às insurreições dos operários das cidades industriais, em que os "*fascis* sicilianos" correspondem a um "[ano] 1898 milanês": *Corriere* tem fé nas "forças naturais" e nos canhões de Bava-Beccaris[15]. *La Stampa* acredita que os Turati-d'Aragona-Modigliani[16] são armas muito mais seguras que os canhões para reprimir revoltas camponesas e evacuar fábricas ocupadas.

O fascismo opõe discursos e medidas puramente mecânicos e ridiculamente coreográficos às concepções precisas e orgânicas de *Corriere* e *La Stampa*.

O fascismo é responsável pela destruição do sistema de protecionismo operário conhecido como "corporativismo Reggiano", "evangelismo de Prampolini" etc. etc. O fascismo privou os "democratas" da arma mais forte para desviar para os operários o ódio das massas camponesas, que deveria ser derramado sobre os capitalistas. O "succhionismo* vermelho" já não existe: como resultado, entretanto, as condições do Sul não melhoraram. O "succhionismo

de 1902. Participou da elaboração da lei sobre a separação entre Igreja e Estado (1905) e foi ministro da Instrução Pública (1906-1909). No pós-guerra defendeu uma política de reconciliação com a Alemanha e de valorização da Liga das Nações. Recebeu o prêmio Nobel da Paz (1926) juntamente com o ministro dos Negócios Estrangeiros alemão Gustav Stresemann (1878-1929). Em 1930 formulou um plano para uma federação europeia.

15 Fiorenzo Bava Beccaris (1831-1924), general que reprimiu violentamente os motins de Milão, em 1898. O evento ficou conhecido como o massacre de Bava Beccaris.

16 Referência a três reformistas.

* Succhionismo refere-se a *succhióne* (ou *succióne*), que significa o tronco ou galho de árvore que suga a maior parte da seiva, tornando-se forte enquanto os outros galhos se enfraquecem. Usa-se aqui como metáfora para um grupo político que se utiliza de um movimento social ou reivindicação para fortalecer-se sem que os grupos que deram origem ao movimento beneficiem-se dos resultados. (N. T.)

vermelho" foi sucedido pelo "succhionismo tricolor"; como evitar que o camponês do Sul veja no fascismo a síntese concentrada de todos os seus opressores e os seus exploradores? Uma vez derrubado o castelo de cartas do reformismo da Emília-Romanha, foi necessário dissolver a guarda real, que já não podia mais ser seduzida pelas cantilenas antioperárias. Os industriais fizeram algo para ajudar Mussolini: a Confederação Geral da Indústria, em conferência de junho de 1923, assim declarou, pela boca do presidente excelentíssimo Benni:

> Da mesma forma, outra longa e complexa ação que iniciamos para o Sul da Itália sem dúvida será concluída em breve. Queremos dar nosso contributo, com ações práticas, para o ressurgimento do Sul e da Itália insular, onde os primeiros sinais de um despertar econômico saudável já parecem promissores. Não é um trabalho simples, mas é preciso que a classe industrial se dedique a ele, porque é do interesse de todos que a estrutura da nação se coadune ainda mais com a base dos interesses econômicos.[17]

Os industriais ajudaram Mussolini com belas palavras; mas as belas palavras logo foram seguidas de fatos mais expressivos que palavras: a conquista das empresas algodoeiras da zona de Salerno e a transferência das máquinas, disfarçadas de sucata, para a zona têxtil da Lombardia[18].

A questão meridional só pode ser resolvida pela burguesia transitoriamente, episodicamente, com corrupção ou espada e fogo. O fascismo exacerbou a situação e elucidou-a em grande parte.

[17] A assembleia geral dos delegados da Cofindustria ocorreu em Turim, em 27 de junho de 1923; o discurso do presidente, Antonio Stefano Benni, foi transcrito no periódico quinzenal *L'Organizzazione Industriale*, boletim sindical da Confederação geral da indústria italiana de 1º de julho de 1923, ano III, n. 13, 1s. (N. E. I.)

[18] A fonte dessa afirmação é, provavelmente, a campanha que *Il Matino*, jornal diário de Nápoles, encampou a partir de 6-7 de setembro de 1923. (N. E. I.)

A incapacidade de abordar com clareza o problema, em toda a extensão e com todas as possíveis consequências políticas, dificultou a ação da classe operária e contribuiu, em grande parte, para o fracasso da revolução de 1919 e 1920.

Hoje o problema é ainda mais complicado e difícil que naqueles anos, mas continua a ser o problema central de cada revolução em nosso país e de cada revolução que deseja ter um amanhã; portanto, deve ser colocado com ousadia e decisão. Na situação atual, com o influxo das forças proletárias, as massas camponesas do Sul assumiram enorme importância no campo revolucionário. Ou o proletariado, por meio de seu partido político, consegue nesse período criar um sistema de aliados no Sul, ou as massas camponesas procurarão dirigentes políticos em sua própria área, ou seja, abandonar-se-ão completamente nas mãos da pequena burguesia amendoliana, tornando-se uma reserva da contrarrevolução, chegando ao separatismo e ao apelo a exércitos estrangeiros no caso de uma revolução puramente industrial no Norte. A palavra de ordem do governo operário e camponês deve, portanto, ter em especial conta o Sul, não deve confundir a questão dos camponeses meridionais com a questão geral da relação entre a cidade e o campo num todo econômico organicamente submetido ao regime capitalista: a questão meridional é também uma questão territorial, e é desse ponto de vista que deve ser examinada para estabelecer-se um programa de governo operário e camponês que pretenda encontrar ampla repercussão nas massas.

A ASSOCIAÇÃO PARA A DEFESA DOS CAMPONESES[1]

Os artigos que o companheiro Grieco publicou no jornal *L'Unità* acerca da crise dos cereais, sobre as condições gerais dos pequenos camponeses e particularmente dos camponeses do Sul, e o convite que fez aos pequenos camponeses sulistas para que se organizem em uma associação de defesa respondem a conceitos que nosso partido aceita e situa neste momento na base de sua crítica à situação política e social italiana e na base de seu trabalho organizativo entre as massas agrárias. A seção agrária, que acaba de ser reconstituída, fixou em um projeto de programa (enviado às federações e a todos os companheiros) quais são os princípios que nosso partido – seção da Internacional Comunista – apoia e divulga entre as massas camponesas e a forma como pretende traduzi-los na aplicação particular às necessidades dos trabalhadores rurais.

No passado, o Partido Socialista teve grande influência em certas áreas agrícolas importantes. Pode-se dizer que, durante muitos anos, a sorte da organização rural coincidiu com a do movimento socialista.

Mas será que o Partido Socialista teve um *programa agrário*? Um programa revolucionário para os trabalhadores rurais que colocasse

[1] Não assinado, *L'Unità*, ano I, n. 170, 29 de agosto de 1924. Este artigo constituiu apresentação da proposta comunista para os camponeses. A autoridade com que se apresenta e mostra algumas descontinuidades estilísticas permite pensar que foi escrito a muitas mãos, e não se exclui que o próprio Gramsci, além de [Ruggero] Grieco, tenham contribuído.

a solução para o problema dos camponeses pobres e dos operários agrícolas no terreno onde atuavam as grandes massas proletárias, contra o capitalismo? Não. Nunca foi realizado um censo social do Partido Socialista, menos ainda de 1919 a 1921, e não é possível dizer qual era a proporção de camponeses e seus representantes nas fileiras do partido; mas é certo que a Federação dos Trabalhadores da Terra fez pesar seus números não só nas confederações, contra qualquer impulso do proletariado revolucionário, mas da própria orientação do partido, e cem vezes determinou orientações conservadoras e contrarrevolucionárias nas fileiras do Partido Socialista. Nem deve o episódio heroico da luta local entre camponeses e agricultores ser interpretado como sintoma da preparação revolucionária dos camponeses. Em primeiro lugar, não estamos preocupados em realizar uma análise psicológica, mas em representar os fatos históricos como um todo e em interpretar seu significado e seu valor. Em segundo lugar, a combatividade dos camponeses em face da necessidade de defender seus direitos à vida nada tem a ver com sua preparação revolucionária entendida como *preparação de classe e esclarecimento dos objetivos a alcançar*; portanto, entre uma e outra pode haver – e talvez tenha havido – certa contradição.

É certo, porém, que em 1919-1921 existia um sentimento revolucionário indeterminado e confuso entre os camponeses, sobretudo entre os camponeses pobres e os proletários agrícolas, enquanto a organização camponesa era liderada por contrarrevolucionários determinados e convictos. A falta de um programa revolucionário proletário coincidiu com a falta de um programa revolucionário agrário. Tanto os maximalistas do *Avanti!* como os reformistas da FNLDT[2]

[2] Federazioni Nazionale dei Lavoratori dei Trasporti [Federação Nacional dos Trabalhadores em Transportes].

fizeram o elogio de uma concepção apolítica do devir socialista e, unidos, acusaram os comunistas de serem os oportunistas da escola de Lênin.

A experiência daqueles anos – em particular a dos últimos três anos – de fascismo proporcionou a todos nós e ao proletariado e aos camponeses italianos um amadurecimento político do qual é impensável que não tiremos lições. A Itália, como a maioria dos países da Europa e do mundo, tem sua grande maioria de trabalhadores no campo. A importância desse fato é enorme do ponto de vista revolucionário. Pode-se pensar na possibilidade de conquistar o poder político para o proletariado e de manter a sua posse se os operários não se aliarem aos camponeses? Quantas vezes a revolução nas cidades não foi esmagada pelos camponeses armados pela reação? Marx e Engels já tinham mencionado a possibilidade de uma futura aliança entre operários e camponeses, mas ainda não com precisão. O principal mérito de ter traduzido o princípio da aliança operário-camponesa numa fórmula prática de ação pertence a Lênin, grande teórico e líder da Revolução Russa. Esse conceito de aliança não é uma fórmula improvisada, não é uma *invenção*, uma manobra tática no sentido que um general de exército poderia dar a essa palavra. Lênin é um grande homem de ação porque é um grande teórico. Nos grandes homens da revolução comunista, essas duas qualidades não podem estar separadas, estão necessariamente integradas. Foi a experiência histórica que proporcionou a Lênin a tradução, em termos simples e até banais, dos problemas que as derrotas das revoluções anteriores tinham colocado.

Agora sabemos que é *essencial alcançar um entendimento entre operários e camponeses* para que o proletariado avance vitoriosamente no ataque às posições fortes do poder capitalista. Pois bem: os comunistas de todo o mundo estabeleceram a tarefa urgente de levar a cabo um programa de ação para os camponeses. Nós também temos nosso próprio programa.

Os camponeses italianos foram e ainda são a matéria-prima da fortuna dos partidos conservadores e da democracia. Eles contribuíram largamente para a fabricação dos elos de suas próprias correntes. Despertados pela propaganda socialista, compreenderam que caminho precisavam seguir. E mudaram. E combateram e venceram, com batalhas cem vezes mais sangrentas. Mas era preciso seguir pela estrada iniciada. Foram obstaculizados pelo conservadorismo reformista.

No Sul, democratas e liberais, como outrora moderados e progressistas, usaram os camponeses para armá-los uns contra os outros (e isso não é uma metáfora) e para reinar sobre a odiosa divisão criada entre povoados e povoados, entre grupos e grupos de camponeses da mesma aldeia. Em suma, os camponeses serviram aos interesses da burguesia e dos partidos da burguesia, que não resolveram seu problema econômico e social. O problema dos camponeses não é apenas de estipulação de contratos, mas uma mudança radical na economia agrária que, no Sul, torna-se o próprio problema da criação da classe dirigente, a solução para o flagrante problema meridional.

Os comunistas apresentam, portanto, a questão camponesa como *a necessidade de os camponeses romperem com todos os partidos que os traíram ou que neles declararam interesse direto e se constituírem em uma associação de defesa que inclua tanto os pequenos proprietários quanto os agricultores arrendatários e meeiros, bem como camponeses pobres*.

Uma associação desse tipo, desligada de todos os partidos e de todas as organizações de classe existentes, terá de aderir ao

Conselho Internacional dos Camponeses[3], que inclui associações de camponeses que *reconheceram que a solução para seu problema está intimamente ligada ao destino do proletariado industrial e, portanto, colocaram suas reivindicações de forma resoluta e inequívoca em terreno revolucionário*.

Tal associação terá evidentemente seu programa de reivindicações imediatas. Ela – dirigida por camponeses, não por advogados, médicos ou regentes – formará uma aliança com as organizações sindicais sempre que esta for considerada necessária por um ou por outro.

O problema dos camponeses coloca-se como um problema político. É por isso que os comunistas devem interessar-se especialmente nisso. No momento em que os operários comunistas tiverem de fazer todo o possível para reconstruir os sindicatos de classe e fazê-los aderir às antigas organizações nacionais, têm também que se preocupar vivamente com a organização dos camponeses.

Nosso partido, portanto, não só lança a palavra da formação de uma associação de defesa entre os camponeses, mas se empenha em ajudar os camponeses a criar sua própria associação nacional, aderindo ao Conselho Internacional dos Camponeses.

[3] O Conselho Internacional dos Camponeses [em russo, *Krestintern*] era uma organização camponesa internacional formada por iniciativa da Terceira Internacional Comunista, em outubro de 1923.

O *AVANTI!* CONTRA O SUL[1]

As opiniões do periódico maximalista deixariam de interessar à nossa crítica se, em vez de estarem dirigidas a certos estratos da classe operária, fossem expressas em um "clube de acadêmicos". Se nos ocupamos delas, é pelo mesmo motivo pelo qual nos ocupamos da luta contra o capitalismo. Existiria luta de classes não fosse o capitalismo?

Da mesma forma, não existiria nossa polêmica contra os socialistas – reformistas e maximalistas – se estes não representassem o meio pelo qual a burguesia introduz sua ideologia no movimento operário. A luta, portanto, contra os socialistas e suas "equivocadas" teorias é luta de classes, na medida em que nossa crítica tende a limitar – portanto, combater – a influência da burguesia sobre a classe operária. Eis por que não podemos deixar de nos ocupar do órgão maximalista, que acerca de *todos os problemas da revolução proletária* tornou-se porta-voz dos interesses da contrarrevolução. Vejam como hoje o *Avanti!* considera o problema do Sul: 1) A questão meridional não é, sobretudo, de obras públicas – é também *moral* (!). 2) Sua solução está estreitamente ligada àquilo que o país pode produzir por esforço autônomo (!). 3) Se a questão

[1] Não assinado, *L'Unità*, ano II, n. 161, 14 de julho de 1925. Escrito em meio à polêmica com o editorial "La battaglia per il Mezzogiorno" [A batalha pelo Sul], assinado por Ennio (Pietro Nenni), *Avanti!*, 12-13 de julho de 1925.

meridional está até agora sem solução, a maior responsabilidade é dos governos; o outro responsável é o *próprio povo do Sul* (!), *globalmente avesso* (!) à organização. 4) No Norte e no Centro, foi por impulso das energias *locais* (!) que o país caminhou, e não há razão para se acreditar que seria diferente no Sul. 5) A Itália meridional sofre do mesmo mal de que, em proporções menores, sofre o restante da Itália: *não sabe se governar* (!).

Cada um desses pontos, em que se resume a tese do *Avanti!* sobre o Sul, segue um ponto de vista burguês.

a) O que quer dizer: a questão meridional é também *moral*? Toda luta de classes, para o *Avanti!*, é uma questão moral. Até mesmo o Aventino[2] é uma posição… moral. Por que não dizer, simplesmente, que a *questão meridional* não é outra coisa senão a *questão dos camponeses pobres*? Eis uma linguagem clara e compreensível para os operários. O regime capitalista não seria mais o regime capitalista se tivesse condições de resolver o *problema agrário*, de levar a cultura aos camponeses, problema que o *Avanti!* considera *questão moral*. Portanto, para resolver a *questão moral* – se assim ela for – no Sul, é preciso resolver o *problema dos camponeses pobres*, que formam a maioria da população. Como fazer isso?

b) O *Avanti!* diz: "Sua solução está estreitamente ligada àquilo que o país pode produzir por esforço autônomo". Em outras palavras, os camponeses do Sul devem fazer por si mesmos, devem impor-se – diz o *Avanti!* – ao governo de Roma, como o fizeram o Norte e o Centro, que utilizaram o impulso de energias locais. O povo do Sul é responsável por seus próprios males (isso diz o

[2] Gramsci se refere à Secessão do Aventino, que ocorreu no dia 24 de junho de 1924 na Câmara dos Deputados em protesto ao assassinato do socialista Giacomo Matteotti.

periódico maximalista). Mas o mesmo raciocínio poderia ser o de um capitalista frente à classe operária: o operário é explorado e vive em condições de escravidão porque não sabe ser um homem livre, isto é, não sabe tornar-se *também um patrão*; os povos coloniais são reduzidos a colônias porque *não souberam* resistir à obra colonizadora do imperialismo. Em suma, as teses do *Avanti!* tendem a fazer crer ao operário industrial que o futuro do *camponês meridional* está em sua capacidade de "esforço autônomo". A culpa dos camponeses do Sul – dizem os reformistas – é de não querer se organizar. Se eles se organizassem, como os camponeses das planícies padanas*, saberiam também sair de sua atual miséria.

O *Avanti!*, jornal que se diz revolucionário, sustenta essa tese reformista justamente depois que o fascismo mostrou sua falta de sustentação. O *Avanti!* deveria explicar por que os camponeses da planície padana, que tinham organizações "vermelhas", como os florentinos, hoje se reduzem às mesmas condições dos camponeses sulistas, escravizados pelos latifundiários. Se o *Avanti!* refletisse sobre esse problema, não falaria de "energias locais" nem de "esforço autônomo", mas teria visto que os *camponeses* são incapazes de realizar suas reivindicações sem se apoiar na classe operária, sem lutar – nacional e internacionalmente – sob a liderança do proletariado revolucionário.

Assim, não existe hoje na Itália uma questão meridional propriamente dita, mas uma questão dos camponeses pobres, que só pode encontrar solução adequada sob um regime de ditadura proletária. No regime capitalista, as contradições entre cidade e campo não escapam de se acentuar cada vez mais. A questão meridional –

* Referente ao rio Pado, depois denominado rio Pó. (N. T.)

mesmo que em Roma tivéssemos um governo mais... moral – não avançará nenhum passo rumo a uma solução enquanto os camponeses do Sul não se unirem aos operários revolucionários do Norte pela derrota do regime capitalista.

Esse problema coloca-se hoje, na Itália, a Associação dos Camponeses Pobres, que luta alinhada ao Partido Comunista. Qualquer outro modo de considerar a questão meridional é antirrevolucionário, ou seja, é contra a população camponesa do Sul.

A QUESTÃO AGRÁRIA NO III CONGRESSO COMUNISTA[1]

O partido tentou, no que diz respeito a sua ação junto aos camponeses, sair da esfera da simples propaganda ideológica, propensa a difundir apenas em abstrato os termos gerais da solução leninista do problema em si, para entrar no terreno prático da organização e da ação política real. É evidente que isso foi mais fácil de conseguir na Itália que em outros países, porque aqui o processo de diferenciação das grandes massas da população está, em alguns aspectos, mais avançado que noutros lugares, como consequência da situação política atual. Porém, visto que o proletariado industrial é apenas uma minoria da população trabalhadora aqui, essa questão surge com maior intensidade que noutros lugares. O problema de quais são as forças motrizes da revolução e da função dirigente do proletariado apresenta-se na Itália de tal forma que exige atenção especial de nosso partido e a busca de soluções concretas para os problemas gerais que estão resumidos na expressão "questão agrária".

A grande maioria do Congresso aprovou a abordagem que o partido tem dado a esses problemas e afirmou a necessidade de uma

[1] Não assinado, *L'Unità*, ano III, n. 47, 24 de fevereiro de 1926, p. 2. Este texto faz parte do único relatório público dos trabalhos do Congresso de Lion; foi ditado por Gramsci a Riccardo Ravagnan (1894-1970), editor de *L'Unità*, e publicado com o título "Il significato e i risultati del III Congresso del Partito Comunista d'Italia" [O significado e os resultados do III Congresso do Partido Comunista da Itália]; apresentamos a parte que está sob o subtítulo "La questione agraria" [A questão agrária].

intensificação do trabalho de acordo com a linha geral já parcialmente aplicada.

Em que consiste essa atividade, na prática? O partido deve buscar criar, em todas as regiões, uniões regionais da Associação de Defesa dos Camponeses; internamente a esses quadros organizacionais mais amplos, entretanto, é necessário distinguir quatro agrupamentos fundamentais das massas camponesas, para cada um dos quais devem ser encontradas abordagens políticas e soluções bem precisas e completas.

Um desses agrupamentos é constituído pelas massas de agricultores eslavos da Ístria e do Friuli[2], cuja organização está intimamente ligada à questão nacional. Um segundo é constituído de um movimento camponês bem particular que se reúne sob o título de Partido dos Camponeses e tem sua base, sobretudo, no Piemonte; para esse agrupamento de natureza não confessional e caráter estritamente econômico, é válida a aplicação dos termos gerais da tática agrária do leninismo, dado também o fato de este se situar na região onde se encontra um dos centros proletários mais eficientes da Itália. Os outros dois agrupamentos são, de longe, os mais importantes e os que requerem maior atenção do partido, a saber: 1) a massa de camponeses católicos, agrupados no Centro e no Norte da Itália, que são, mais ou menos diretamente, organizados pela Ação Católica e pelo aparato eclesiástico em geral, isto é, pelo Vaticano; 2) a massa de camponeses da Itália meridional e das ilhas.

No que diz respeito aos camponeses católicos, o Congresso decidiu que o partido deve desenvolver a linha que consiste em favorecer as formações de esquerda existentes nesse campo e que estão

[2] Regiões localizadas no Norte, vizinhas ao mar Adriático.

intimamente ligadas à crise agrária geral iniciada, já antes da guerra, no Centro e no Norte da Itália. O Congresso afirmou que a abordagem do partido voltada aos camponeses católicos, embora contenha em si alguns dos elementos essenciais para a solução do problema político-religioso italiano, não deve de forma alguma favorecer tentativas que possam surgir de movimentos ideológicos de natureza estritamente religiosa. A tarefa do partido consiste em explicar os conflitos que se originam no terreno da religião como decorrentes de embates de classe e em buscar realçar cada vez mais as características de classe desses embates, não, de forma inversa, em favorecer soluções religiosas para os antagonismos de classe, ainda que essas soluções se apresentem como de esquerda, posto que questionam a autoridade da organização religiosa oficial.

A questão dos camponeses do Sul foi examinada pelo Congresso com especial atenção. O Congresso reconheceu como correta a afirmação contida nas teses da Central, segundo a qual a função da massa camponesa meridional, no desenvolvimento da luta anticapitalista italiana, deve ser examinada em si mesma e deve levar à conclusão de que os camponeses do Sul são, depois do proletariado industrial e agrícola do Norte da Itália, o elemento social mais revolucionário da sociedade italiana.

Qual é a base material e política dessa função e das massas camponesas do Sul? As relações existentes entre o capitalismo italiano e os camponeses meridionais não consistem apenas nas relações históricas normais entre a cidade e o campo, tal como foram criadas pelo desenvolvimento do capitalismo em todos os países do mundo; no quadro da sociedade nacional, essas relações são agravadas e radicalizadas pelo fato de, econômica e politicamente, toda a zona meridional e as ilhas funcionarem como um imenso campo frente ao Norte da Itália, que funciona como uma imensa cidade. Tal situação determina, no Sul, a formação e o desenvolvimento de certos aspectos de uma questão nacional, mesmo que não assumam de imediato uma forma explícita dessa questão como um todo, mas apenas de uma luta muito viva de caráter regional e de profunda orientação rumo à descentralização e à autonomia local.

O que caracteriza a situação dos camponeses meridionais é o fato de eles, ao contrário dos três agrupamentos anteriormente descritos, não possuírem, em conjunto, nenhuma experiência organizativa autônoma. Estão enquadrados nos esquemas tradicionais da sociedade burguesa, segundo os quais os proprietários agrários, parte do bloco agrário-capitalista, controlam as massas camponesas e dirigem-nas de acordo com seus propósitos.

Como consequência da guerra[3] e das agitações operárias do pós-guerra, que enfraqueceram demais o aparato estatal e quase destruíram o prestígio social das classes superiores estabelecidas, as massas camponesas do Sul despertaram e procuraram laboriosamente encontrar uma forma de se posicionar. Assim, houve movimentos de ex-combatentes e vários partidos ditos "renovadores" que tentaram explorar esse despertar da massa camponesa, por vezes apoiando-o – como no período da ocupação das terras –, mas com mais frequência tentando desviá-lo e, assim, consolidá-lo numa posição de luta pela chamada democracia, como aconteceu há pouco com a constituição da União Nacional.

Os últimos acontecimentos na vida italiana, que determinaram uma transição em massa da baixa burguesia meridional para o fascismo, tornaram mais aguda a necessidade de dar aos camponeses

[3] Refere-se à Primeira Guerra Mundial.

do Sul uma direção própria a fim de escapar de vez da influência burguesa agrária. O único organizador possível das massas camponesas meridionais é o operário industrial, representado por nosso partido. Mas, para que esse trabalho de organização seja possível e eficaz, é preciso que o partido se aproxime do camponês sulista, que destrua, no operário industrial, o preconceito que lhe foi inculcado pela propaganda burguesa de que o Sul é uma bola de chumbo que se opõe aos desenvolvimentos mais grandiosos da economia nacional e que destrua, no camponês meridional, o preconceito ainda mais perigoso segundo o qual ele enxerga no Norte da Itália um bloco único de inimigos de classe.

Para obter esses resultados, é necessário que nosso partido realize um intenso trabalho de propaganda mesmo dentro de sua organização, para dar a todos os companheiros uma ideia exata dos termos da questão – a qual, se não for resolvida de forma clara e revolucionária entre nós, permitirá à burguesia, derrotada em sua área, concentrar-se no Sul, para fazer dessa parte da Itália o palco da contrarrevolução.

Acerca de toda essa série de problemas, a oposição de extrema esquerda pôde apenas disparar piadas e clichês. Sua posição essencial foi de negar aprioristicamente que esses problemas concretos existam em si, sem qualquer análise ou demonstração potencial. Pode-se dizer, então, que, no que diz respeito à questão agrária, revelou-se a verdadeira essência da concepção de extrema esquerda: uma espécie de corporativismo que espera mecanicamente que do simples desenvolvimento das condições objetivas gerais venha a concretização de objetivos revolucionários. Essa concepção foi, como dissemos, expressamente rejeitada pela grande maioria do Congresso.

OS CAMPONESES E A DITADURA DO PROLETARIADO[1]

(NOTAS PARA *IL MONDO*)[2]

Temos um novo artigo de *Il Mondo* intitulado, de acordo com os sistemas caros ao velho barzinismo e ao novo calzinismo[3], "Si cerca il comunismo"[4] [Procura-se o comunismo]. Naturalmente, o comunismo é procurado pelo *Il Mondo* na Rússia operária e camponesa. Se quiséssemos imitar o sistema dialético caro a esse jornal, poderíamos escrever uma série de artigos intitulada "Si cerca la democracia" [Procura-se a democracia] e mostrar que esta nunca existiu. De fato, se a democracia significa, como não pode deixar de significar, o governo das massas populares, expresso via Parlamento eleito por sufrágio universal, em que país alguma vez houve governo que respondesse a tais prerrogativas? Na própria Inglaterra, lar e berço do regime parlamentar e da democracia no governo, ao lado do Parlamento há a Câmara dos Lordes e há a monarquia. Os poderes da democracia são, de fato, nulos. Não existem. Antes da guerra, quando os social-democratas e todos os "amigos do povo" ainda

1 Não assinado, *L'Unità*, ano III, n. 221, 17 de setembro de 1926. Este artigo foi enviado por fax de Roma a Milão e saiu com muitos erros; na presente edição, levou-se em conta a versão corrigida publicada no *L'Unità* em 19 de setembro de 1926. (N. E. I.)

2 Jornal semanal literário e político fundado em Roma em 1922. Possuía orientação democrática, inspirado nas formulações de F. S. Nitti e G. Amendola, e expressava críticas ao fascismo.

3 Referência aos *reportaget* [relatos] de viagem publicados naqueles anos no *Corriere della Sera*, por Luigi Barzini (1908-1984) e por Raffaele Calzini (1985-1953). (N. E. I.)

4 Publicado em *Il Mondo*, 17 de setembro [de 1926]. (N. E. I.)

não podiam acusar o bolchevismo de ter provocado a burguesia e de tê-la induzido, pobrezinha!, a sair da legalidade e recorrer a meios ditatoriais, lorde Carson[5] foi capaz de armar e mobilizar um exército contra a Lei da Liberdade Parlamentar Irlandesa[6].

Existe, por acaso, democracia na França? Ao lado do Parlamento, há na França o Senado, eleito não por sufrágio universal, mas pela eleição de dois graus de eleitores, que, por sua vez, são apenas expressão parcial de sufrágio universal, e há a instituição da Presidência da República. A duração diferente dos poderes dos três diferentes institutos fundamentais da República francesa deveria, segundo declarações não oficiais, servir para atenuar os possíveis excessos do Parlamento eleito por sufrágio universal; na realidade, é a organização pela qual a classe dominante se prepara para organizar a guerra civil nas melhores condições de agitação e propaganda.

Na Alemanha não há nenhuma instituição aristocrática e oligárquica ao lado do Parlamento; no entanto, recentemente pudemos ver que formidável função de contenção exerce sobre a chamada vontade nacional o fato de o presidente da República ter uma base eleitoral diferente, no tempo, daquela que constitui a Assembleia Nacional. Os votos obtidos no referendo para a expropriação sem compensação dos antigos príncipes foram superiores aos obtidos pelo marechal Hindenburg para sua nomeação como presidente da República. No entanto, Hindenburg não renunciou; embora tenha, no período do referendo, ameaçado uma grave crise política, após o

[5] Edward Henry Carson, barão Carson (1854-1935), foi um político irlandês. Alcançou grande notoriedade como advogado quando, em 1895, conduziu o interrogatório de Oscar Wilde e garantiu em grande parte a condenação do escritor por homossexualidade. Apesar de ser irlandês, nutriu grande antipatia pelo separatismo do sul da Irlanda.

[6] Em 1914, lorde Carson, depois ministro da Guerra, organizara em Úlster uma insurreição armada contra o Parlamento. (N. E. I.)

referendo ele continuou a pressionar para que a vontade das massas fosse anulada.

Certamente não pretendemos convencer os redatores de *Il Mondo*. Nós os conhecemos, como conhecemos os diferentes mestres, de irmãos Perrone[7] e Max Bondi[8] ao conde Materazzo[9], ao comendador Pecoraino[10] e o Banco Comercial, em cujo nome escrevem os artigos mais contraditórios, sempre visando a enganar as massas operárias. E é para essas massas que escrevemos e perguntamos:

> É correto exigir do novo regime operário surgido na Rússia em 1917, durante a Primeira Guerra Mundial, depois do maior desastre econômico e social que a história conheceu, a aplicação de 100% do programa máximo do partido de situação na Rússia, quando se representa e se apoia um regime que, em poucos séculos de existência, não realizou nenhuma de suas promessas programáticas e falhou vergonhosamente, capitulando diante das correntes mais reacionárias para logo se confundir com elas?

Nosso jornal deve publicar toda uma série de documentos que respondam de forma abrangente às questões colocadas pelos redatores de *Il Mondo*, as quais são essenciais para o movimento operário internacional, embora o jornal as coloque da maneira mais

[7] Família de industriais do Piemonte, vinculados à indústria naval e metalúrgica.

[8] Banqueiro romano, sobre quem quase não há referências na literatura.

[9] Francesco Materazzo, ou conde Materazzo ou Matarazzo (1854-1837). Banqueiro e industrial italiano. Imigrou para o Brasil aos 27 anos. Em São Paulo fundou, com o irmão, uma empresa no ramo de alimentos. Em 1935, o grupo IRFM (Industrie Riunite Francesco Matarazzo) era o complexo industrial mais impressionante do Brasil, incluindo 285 edifícios. Durante a Primeira Guerra Mundial foi presidente do órgão autônomo de consumidores da província de Nápoles. Vem daí a atribuição do título de conde (1926), estendido a todos os descendentes do sexo masculino. Tornou-se membro honorário do Partido Nacional Fascista.

[10] Provável empresário do ramo financeiro na Itália, não há referências na literatura.

barroca e ininteligível possível. Uma questão implícita em artigos e na prosa de *Il Mondo* deve ser imediatamente abordada: a que se propõe o jornal ao tentar demonstrar que na Rússia não há nenhum elemento de vida socialista, sistematicamente silenciando o caráter operário das instituições russas, do Estado às cooperativas, aos bancos, à gestão de fábricas? *Il Mondo* pretende apenas manter nas grandes massas populares a ilusão de que é possível obter o que existe na Rússia hoje sem revolução e sem a conquista integral do poder do Estado pela classe operária e pelo campesinato. Todos os argumentos de *Il Mondo*, desde o que diz respeito ao julgamento histórico a ser feito sobre o fascismo italiano à presente crítica (bastante pobre, é verdade) dos fundamentos da estrutura econômica e social russa, tendem a esse único fim. Para nós, comunistas, o regime fascista é a expressão do período mais avançado do desenvolvimento da sociedade capitalista; serve precisamente para demonstrar como todas as realizações e todas as instituições que as classes trabalhadoras conseguem alcançar no período de desenvolvimento relativamente pacífico do regime capitalista estão condenadas à aniquilação se em determinado momento a classe operária não tomar o poder do Estado por meios revolucionários. Entende-se, então, que os redatores de *Il Mondo* têm interesse em apoiar o fascismo como regime pré-democrático, sendo o fascismo ligado a uma fase incipiente e ainda atrasada do capitalismo. Compreende-se, assim, como seus redatores, apresentando ao público de seu jornal – público, infelizmente, composto em grande parte de operários e camponeses – um modelo da sociedade russa em que burgueses e pequeno-burgueses estariam permeando as estruturas do Estado operário para serem infalivelmente triunfantes e restaurarem o velho regime, querem ilustrar de forma modernizada o antigo esquema utópico da democracia e do reformismo, segundo o qual elementos socialistas como os sindicatos, as cooperativas, os conselhos municipais socialistas etc., que existem sob o capitalismo, poderiam permear a estrutura desses regimes a ponto de modificá-los por completo, levando ao triunfo sem sangue do socialismo. Mas foi precisamente o fascismo que destruiu de modo implacável esses esquemas, destruindo todos os elementos socialistas na medida em que eles estão ligados à classe operária, que no período de desenvolvimento da classe capitalista encontrava-se em formação. Hoje na Rússia há elementos socialistas predominantes e elementos da economia pequeno-burguesa que em teoria podem se desenvolver, bem como em teoria poderiam se desenvolver os elementos socialistas existentes na Itália antes do fascismo. Mas na Itália o proletariado não conquistou o poder do Estado; a velha organização capitalista pôs fim em algum momento às concessões que tinha feito às cooperativas, aos sindicatos, aos conselhos municipais socialistas, isto é, à classe operária. Na Rússia, a classe operária no poder, que controla e dirige as partes essenciais da economia nacional, as alavancas de comando de toda a estrutura econômica da sociedade russa, fez e faz concessões não à velha sociedade dos capitalistas e latifundiários – que foi derrubada com armas em punho e privada de toda propriedade política e de todos os direitos políticos –, mas às massas camponesas, das quais, em teoria, poderia nascer o novo capitalismo.

Há, no entanto, uma pequena questão que os senhores de *Il Mondo* parecem querer ignorar: que o capitalismo que surge e se desenvolve cria proletários em número muito maior que o representado pelos próprios capitalistas. Portanto, a questão que para seus redatores parece insignificante, ou seja, a de saber qual classe tem o poder estatal em mãos, torna-se um ponto essencial. A classe operária – que na Rússia tem o Estado em mãos – tem interesse, hoje (se deseja estabelecer um mercado interno capaz de absorver a produção industrial), em promover e incentivar o desenvolvimento da agricultura. Uma vez que a agricultura na Rússia ainda está atrasada e a gestão agrícola não pode deixar de ser individual, o desenvolvimento econômico das classes agrícolas russas leva necessariamente a certo enriquecimento de um estrato superior do campo. Todo operário entende que, se uma política é feita para se conseguir que cem camponeses passem de uma renda de mil liras por ano para 2 mil liras, tornando-se capazes de comprar mais objetos da indústria socializada do que poderiam comprar com as mil liras iniciais, não se pode impedir que, entre esses cem camponeses, alguns não apenas passem de mil a 2 mil liras, mas possam, em circunstâncias extremamente favoráveis, chegar a 5 mil ou 6 mil liras, enquanto, no outro polo, cinco ou seis camponeses não só deixem de conseguir passar de mil para 2 mil liras de renda, como, devido a situações extremamente desfavoráveis (morte de gado, furacões etc.), vejam chegar a zero sua renda.

O essencial para a política da classe operária na Rússia é que a massa central do campesinato, por medidas legislativas[11], alcance os

[11] Gramsci faz referência, neste texto, às medidas adotadas pela União Soviética com a nova política econômica (NEP). Um dos principais temas da NEP foi a reorganização do setor agrário, no qual se localizava a maior parte do povo e que havia sido muito atingido pelas políticas do comunismo de guerra, implementado nos anos anteriores diante da guerra civil. O aumento da acumulação no campo deveria servir de base a importações de maquinários na indústria. Visando a obter adesão – garantindo, assim, a hegemonia do proletariado organizado no partido bolchevique sobre as demais classes trabalhadoras –, Lênin defendeu que o programa realizasse a substituição do confisco pelo imposto em espécie, que fosse permitida a apropriação privada do excedente e a retomada do livre comércio. Buscou-se, ainda, aumentar a produtividade industrial por meio das concessões ao capital estrangeiro; aumentar emergencialmente a produtividade agrária para o abastecimento de alimentos e

resultados que o Estado operário propõe; isto é, torne-se a base para a formação de uma regeneração nacional que sirva para alimentar o aparato geral de produção nas mãos da classe operária, permitindo que esse aparato não só se mantenha, mas também se desenvolva. Há 4% ou 5%, no entanto, que se desenvolve além dos limites previstos pela legislação do Estado operário; em um país como a Rússia, onde as massas camponesas representam uma população de 100 milhões de habitantes, esses 4% ou 5% também assumem, socialmente, uma força que pode parecer imponente, de 4 milhões ou 5 milhões. Mas, se a classe operária, que hoje na Rússia tem uma população de pelo menos 20 milhões de habitantes, permanece ligada à grande massa do campesinato, que equivale a dezenas de milhões, a figura representada pelos inimigos do socialismo é reduzida a suas justas proporções no quadro geral, e o triunfo relativamente pacífico das forças socialistas sobre as forças capitalistas é assegurado. Dizemos "relativamente" pacífico porque na Rússia há as prisões nas mãos dos operários, os tribunais nas mãos dos operários, a polícia nas mãos dos operários, o exército nas mãos dos operários... Isto é, na Rússia há a ditadura do proletariado, elemento socialista que erramos em julgar um pouquinho mais importante do que o julgam os amigos dos irmãos Perrone, de Max Bondi, conde Materazzo e comendador Pecoraino.

ampliar a capacidade de importação; reequilibrar as relações de troca entre campo e cidade; e eliminar o desemprego, permitindo o assalariamento privado no campo. Ver mais em J. S. Vasconcelos, "Controvérsias econômicas da transição soviética (1917-1929)", *Revista Verinotio*, v. 9, n. 18, outubro de 2014.

A QUESTÃO MERIDIONAL[1]

O estímulo para estas notas foi dado pela publicação, em *Il Quarto Stato* de 18 de setembro, de um artigo sobre o problema meridional, assinado por "Ulenspiegel", artigo que a redação da revista fez preceder por uma introdução ridícula[2]. Em seu artigo, *Ulenspiegel* trata

[1] Este título foi riscado e substituído, com grafia que não é de Gramsci, por "Alguns temas da questão meridional", com o qual o ensaio se tornou conhecido desde sua primeira publicação, em *Lo Stato Operaio* [O Estado Operário, revista teórica do PCI editada em Paris], em janeiro de 1930.

[2] "Il problema meridionale" [O problema meridional], *Il Quarto Stato*, n. 24, 18 de setembro de 1926, p. 1. A revista era dirigida por Carlo Rosselli e Pietro Nenni. O artigo, assinado por "Ulenspiegel" (pseudônimo de Tommaso Fiore), resenhava positivamente, inclusive no que se referia ao juízo favorável do autor sobre a política do PCI, um livro de Guido Dorso, *La rivoluzione meridionale*. A resenha era precedida por uma nota da redação, assinada por "Nós" (provavelmente redigida por Carlo Rosselli), com a qual Gramsci polemiza. O autor dessa nota admitia a justeza da crítica de Dorso à política meridionalista do PSI, mas não aceitava sua posição simpática àquela do PCI. Carlo Rosselli (1899-1937), depois de estudar na Inglaterra e entrar em contato direto com o Partido Trabalhista, engajou-se na luta antifascista e tornou-se um dos expoentes italianos do chamado "socialismo liberal", tema ao qual dedicou sua principal obra teórica, *Socialismo liberale* (1929). Mais tarde, já no exílio francês, criou o grupo Giustizia e Libertà [Justiça e Liberdade], que teve destacado papel na luta antifascista. Em 1937, Rosselli foi assassinado a mando dos fascistas. Guido Dorso (1892-1947), depois de ter sido intervencionista durante a guerra, aproximou-se do liberal radical Piero Gobetti. Em *La rivoluzione meridionale*, Dorso critica a unificação italiana, definindo-a como "conquista da casa real". Para ele, a burguesia do Norte – ao dar apoio às velhas oligarquias sulistas, cujos privilégios conservara – era responsável pelo atraso do Sul, atraso reforçado pelos vários governos posteriores à unificação, de Giolitti a Mussolini. Pietro Nenni (1891-1980), originário da Romanha, foi um dos mais importantes políticos italianos do século XX. Iniciou sua militância no Partido Republicano, mas em 1921 se transferiu para o Partido Socialista. Contrário à fusão de seu partido com o PCI, Nenni assumiu a direção do PSI, cargo em que permaneceu até o fim da vida. (N. E. O.)

do recente livro de Guido Dorso[3] e menciona o juízo formulado por Dorso sobre a orientação de nosso partido diante da questão meridional. Na referida introdução, a redação de *Il Quarto Stato* – que afirma ser constituída por "jovens que conhecem *perfeitamente*, em suas *linhas gerais* (sic), o problema meridional" – protesta coletivamente contra o fato de que seja possível reconhecer "méritos" ao Partido Comunista. Até aqui, tudo bem: jovens do tipo *Quarto Stato*, em todos os tempos e lugares, fizeram com que o papel suportasse bem outras opiniões e protestos, sem que o papel se rebelasse. Porém, em seguida, esses "jovens" acrescentam textualmente: "Não esquecemos que a fórmula mágica dos comunistas turineses era dividir o latifúndio entre os proletários rurais. Tal fórmula é antípoda a qualquer visão realista e sadia do problema meridional". E aqui é preciso pôr as coisas no lugar, já que de "mágico" existem apenas o despreparo e o diletantismo superficial dos "jovens" escritores de *Il Quarto Stato.*

A "fórmula mágica" é completamente inventada. E tais "jovens" devem ter em ínfima consideração seus leitores se ousam apresentar, com tamanha presunção verbal, tão grandes subversões da verdade. Vejamos, por exemplo, um trecho de *L'Ordine Nuovo* (de 3 de janeiro de 1920), no qual é resumido o ponto de vista dos comunistas de Turim:

> A burguesia setentrional sujeitou a Itália meridional e as ilhas reduzindo-as a colônias de exploração; o proletariado setentrional, emancipando a si mesmo da escravidão capitalista, emancipará as massas camponesas meridionais subjugadas aos bancos e ao industrialismo parasitário do Norte. A regeneração econômica e política dos camponeses não deve ser buscada em uma divisão das terras incultas e mal cultivadas, mas na

[3] Guido Dorso, *La rivoluzione meridionale* (Turim, Piero Gobetti, 1925).

solidariedade do proletariado industrial, que tem necessidade, por sua vez, da solidariedade dos camponeses; àquele interessa também que o capitalismo não renasça economicamente da propriedade fundiária e que a Itália meridional e as ilhas não se tornem uma base militar da contrarrevolução capitalista. Impondo o controle operário sobre a indústria, o proletariado reorientará a indústria à produção de máquinas agrícolas para os camponeses, de tecidos e calçados para os camponeses, de luz elétrica para os camponeses; impedirá que a indústria e os bancos explorem os camponeses e os subjuguem como escravos dos cofres. Destruindo a autocracia na fábrica, quebrando o aparato opressivo do Estado capitalista, instaurando o Estado operário que subjugue os capitalistas à lei do trabalho útil, os operários destruirão todas as cadeias que prendem o camponês à miséria, ao desespero. Instaurando a ditadura operária, tendo em mãos as indústrias e os bancos, o proletariado orientará o enorme poder da organização estatal para dar suporte ao camponês em sua luta contra os proprietários, contra a natureza e contra a miséria. Fornecerá crédito aos camponeses, instituirá as cooperativas, garantirá a segurança pessoal e de seus bens contra os saqueadores. Fará obras públicas de saneamento e de irrigação. Fará tudo isso porque é de seu interesse incrementar a produção agrícola, porque é de seu interesse que exista e que se conserve a solidariedade das massas camponesas, porque é de seu interesse transformar a produção industrial em trabalho útil de paz e fraternidade entre cidade e campo, entre Norte e Sul.[4]

Isso foi escrito em janeiro de 1920. Passaram-se sete anos e estamos sete anos mais velhos, também politicamente; um ou outro conceito poderia hoje ser mais bem expresso; poderia e deveria ser melhor diferenciado o período imediatamente posterior à conquista do Estado (caracterizado apenas pelo controle operário sobre a indústria) dos períodos subsequentes. Mas o que importa observar

[4] Ver, neste volume, "Operários e camponeses II", p. 71.

aqui é que o conceito fundamental dos comunistas turineses não era a "fórmula mágica" da divisão do latifúndio, mas a aliança política entre operários do Norte e camponeses do Sul, com o objetivo de afastar a burguesia do poder de Estado. E não só isso: foram precisamente os comunistas turineses (embora defendessem, como algo subordinado à ação das duas classes, a divisão das terras) a advertir contra as ilusões "milagrosas" em face da repartição mecânica do latifúndio. No mesmo artigo de 3 de janeiro de 1920, pode-se ler:

> O que ganha um camponês pobre invadindo uma terra não cultivada ou mal aproveitada? Sem maquinário, sem casa no local de trabalho, sem crédito para aguardar a época da colheita, sem instituições cooperativas que adquiram a própria safra e o salvem das garras dos usurários (se o camponês chegar à colheita sem antes se enforcar no mais forte arbusto do bosque ou na menos raquítica figueira das terras virgens!), o que pode um camponês pobre esperar da invasão?[5]

Contudo, éramos pela fórmula muito realista e nada "mágica" da terra para os camponeses, mas queríamos que ela fosse inserida numa ação revolucionária geral das duas classes aliadas, sob a direção do proletariado industrial. Os escritores de *Il Quarto Stato* inventaram de cabo a rabo a "fórmula mágica" atribuída aos comunistas turineses, demonstrando, assim, sua escassa seriedade como jornalistas e seu pouco escrúpulo, próprio de intelectuais de farmácia do interior. E também aqui há elementos políticos que têm seu peso e produzem consequências.

No campo proletário, os comunistas de Turim tiveram um "mérito" incontestável: o de obrigar a vanguarda operária a se ocupar da questão meridional, apontando-a como um dos problemas

[5] Ibidem, p. 72.

essenciais da política nacional do proletariado revolucionário. Nesse sentido, contribuíram na prática para retirar a questão meridional de sua fase de indefinição, intelectualista, chamada de "concretista"[6], para fazê-la ingressar numa nova fase. O operário revolucionário de Turim e de Milão – e não mais os Giustino Fortunato, os Gaetano Salvemini, os Eugenio Azimonti, os Arturo Labriola[7], para citar apenas os nomes dos figurões caros aos "jovens" de *Il Quarto Stato* – tornava-se, assim, o protagonista da questão meridional.

Os comunistas turineses haviam formulado de modo concreto a questão da "hegemonia do proletariado", ou seja, da base social da ditadura proletária e do Estado operário. O proletariado pode se tornar classe dirigente e dominante na medida em que consegue criar um sistema de alianças de classe que lhe permita mobilizar contra o capitalismo e o Estado burguês a maioria da população trabalhadora. Na Itália, nas reais relações de classe existentes, isso

6 O apelo à "concretude" na análise e nas propostas de solução da questão meridional foi uma bandeira do jornal *L'Unità*, de Salvemini. O termo indica uma abordagem que, concentrando-se em aspectos parciais, concretos, esconde o profundo alcance histórico e político do problema. Gaetano Salvemini (1873-1957), jornalista e historiador, defendeu – de um ponto meridionalista – o fim do protecionismo alfandegário e a adoção de uma política livre-cambista. Com o advento do fascismo, exilou-se primeiro na França e depois nos Estados Unidos, onde foi professor de história em Harvard. (N. E. O.)

7 Giustino Fortunato (1848-1932), parlamentar liberal alinhado com a direita, foi uma das grandes expressões do "meridionalismo". Originário da Basilicata, proclamava-se "fanaticamente unitário" e, em muitos livros, sobretudo em *Il Mezzogiorno e lo Stato italiano* [O Sul e o Estado italiano] (1911), pretendeu tratar a questão meridional como parte dos problemas globais da sociedade italiana. Contribuiu para superar "o mito do Sul" como naturalmente fértil, argumentando que os problemas da região não eram apenas econômicos e geográficos, mas também sociais e políticos. Gerações de "meridionalistas", de Salvemini a Dorso, tomaram Fortunato como referência. Eugenio Azimonti (1880-1960), igualmente "meridionalista", colaborava no *L'Unità* de Salvemini. Arturo Labriola (1875-1959) iniciou sua atividade em posições sindicalistas revolucionárias; deputado em 1913, tornou-se socialista independente e defendeu a participação italiana na Primeira Guerra Mundial. Ministro do Trabalho num dos governos Giolitti (1920-1921), opôs-se depois ao fascismo e, em 1946, foi deputado à Assembleia Constituinte. (N. E. O.)

significa: na medida em que consegue obter o consenso das amplas massas camponesas. Mas a questão camponesa na Itália é historicamente determinada, não é a "questão camponesa e agrária em geral"; na Itália, a questão camponesa, como consequência da específica tradição italiana, do específico desenvolvimento da história italiana, assumiu duas formas típicas e peculiares, ou seja, a questão meridional e a questão vaticana. Portanto, conquistar a maioria das massas camponesas significa, para o proletariado italiano, assumir como próprias essas duas questões do ponto de vista social, compreender as exigências de classe que elas representam, incorporar tais exigências a seu programa revolucionário de transição, pôr tais exigências entre suas próprias reivindicações de luta.

O primeiro problema a resolver, para os comunistas de Turim, era modificar a orientação política e a ideologia geral do próprio proletariado enquanto elemento nacional que vive no conjunto da vida estatal e sofre inconscientemente a influência da escola, do jornal, da tradição burguesa. É conhecida a ideologia que foi difundida capilarmente pelos propagandistas da burguesia entre as massas do Norte: o Sul é a bola de chumbo que impede progressos mais rápidos para o desenvolvimento civil da Itália; os sulistas são seres biologicamente inferiores, semibárbaros ou bárbaros completos, por destino natural; se o Sul é atrasado, a culpa não é do sistema capitalista nem de qualquer outra causa histórica, mas da natureza, que fez os sulistas poltrões, incapazes, criminosos, bárbaros, temperando essa sorte madrasta com a explosão puramente individual de grandes gênios, que são como as palmeiras solitárias num deserto árido e estéril. O PSI foi em grande parte o veículo dessa ideologia burguesa no proletariado nortista; o PSI deu sua bênção a toda a literatura "meridionalista" da malta de escritores da chamada "escola positiva", como os Ferri, os Sergi, os Niceforo, os Orano e seguidores menores[8], que – em artigos, esboços, novelas, romances, livros de "impressões" e de memórias – repetiam de diversos modos o mesmo refrão. Mais uma vez, a "ciência" era dirigida no sentido de esmagar os miseráveis e os explorados; neste caso, porém, ela assumia cores socialistas, pretendendo ser a ciência do proletariado.

Os comunistas turineses reagiram com vigor contra essa ideologia, precisamente em Turim, onde as narrações e descrições dos veteranos da guerra contra o banditismo no Sul e nas ilhas tinham exercido grande influência sobre a tradição e o espírito popular. Reagiram energicamente na prática, alcançando resultados concretos de altíssimo alcance histórico, criando (precisamente em Turim) embriões daquela que será a solução do problema meridional.

Por outro lado, já antes da guerra, teve lugar em Turim um episódio que continha potencialmente toda a ação e a propaganda que os comunistas desenvolveram no pós-guerra. Quando, em 1914, por causa da morte de Pilade Gay[9], ficou vaga a cadeira relativa ao IV distrito de Turim e pôs-se a escolha de um novo candidato, um grupo da seção socialista – do qual faziam parte os futuros redatores de

[8] A "escola positiva" (cujo campo de interesse ia da sociologia e da antropologia à medicina e à criminologia) teve ampla influência junto ao socialismo italiano da época da Segunda Internacional. Muitos adeptos da escola gravitaram no campo do movimento operário, tanto na corrente sindicalista quanto na reformista. Gramsci refere-se aqui, além de a Enrico Ferri – (1856-1929) foi um dos fundadores da moderna criminologia e, embora em algum momento da vida tenha tido pontos de vista "progressistas" antes de se tornar fascista, defendia um positivismo biologista extremo, que o levou a adotar posições racistas –, a outros integrantes da "escola positiva", como Giuseppe Sergi (1841-1936), antropólogo que escreveu sobre as "variedades humanas" na Sardenha; Paolo Orano (1875-1945), jornalista, redator do *Avanti!* entre 1903 e 1906, mais tarde sindicalista revolucionário e finalmente fascista; e Alfredo Niceforo (1876-1960), jurista e criminólogo que escreveu sobre a delinquência na Sardenha. (N. E. O.)

[9] Pilade Gay (1870-1914), socialista turinês, esteve entre os fundadores de *Il Grido del Popolo* e foi dirigente do movimento sindical e cooperativo. Elegeu-se deputado em 1913. (N. E. O.)

L'Ordine Nuovo – ventilou o projeto de apresentar como candidato Gaetano Salvemini. Salvemini era então o expoente mais avançado, em sentido radical, da massa camponesa do Sul. Ele estava fora do Partido Socialista ou, mais precisamente, travava contra o PSI uma campanha intensa e perigosa, já que suas afirmações e suas acusações tornavam-se, na massa trabalhadora meridional, causa de ódio não contra os Turati, Treves e D'Aragona[10], mas contra o proletariado industrial em conjunto. (Muitas das balas que a polícia disparou contra os operários entre 1919 e 1922 foram fabricadas com o mesmo chumbo que serviu para imprimir os artigos de Salvemini.) Todavia, esse grupo turinês queria sufragar o nome de Salvemini, no sentido que foi exposto ao próprio Salvemini pelo companheiro Ottavio Pastore[11], que foi a Florença para obter seu consentimento para a candidatura:

> Os operários de Turim queriam eleger um deputado para os camponeses da Puglia. Os operários de Turim sabiam que, nas eleições gerais de 1913, os camponeses de Molfetta e de Bitonto eram, em sua esmagadora maioria, favoráveis a Salvemini: a pressão administrativa do governo Giolitti e a violência dos espancadores e da polícia impediram os camponeses puglienses de se expressarem[12]. Os operários de Turim não exigiam de

[10] Turati, Treves e D'Aragona eram dirigentes reformistas. Filippo Turati (1857-1932), fundador do Partido Socialista em 1892, marxista de orientação positivista, foi um dos principais expoentes da corrente reformista, com destacada atuação no Parlamento. Como se opunha ao fascismo, exilou-se em 1926 na França até morrer. Claudio Treves (1869-1933) foi um dos principais líderes da ala reformista do PSI e dirigiu o *Avanti!* entre 1910 e 1912, quando foi substituído por Mussolini. Ludovico d'Aragona (1876-1961), de orientação reformista, foi por muitos anos secretário-geral da Confederazione Generale del Lavoro. (N. E. O.)

[11] Ottavio Pastore (1887-1965) ingressou no PSI em 1902, tendo sido secretário da seção socialista de Turim (1914) e redator-chefe da edição piemontesa do *Avanti!* (1918). Membro do PCI a partir de 1921, participou da redação de *L'Ordine Nuovo* e, em 1924, foi redator-chefe de *L'Unità*. Fazia parte na época da chamada "minoria" (ou "direita") do partido. (N. E. O.)

[12] Em 1913, Salvemini candidatou-se a deputado pelos distritos de Molfetta e Bitonto, na Puglia, mas foi derrotado. (N. E. O.)

Salvemini nenhum compromisso, nem com o Partido, nem com o programa, nem com o grupo parlamentar; uma vez eleito, Salvemini responderia aos camponeses da Puglia, não aos operários de Turim, que fariam a propaganda eleitoral segundo seus princípios e em nada interfeririam na atividade política de Salvemini.

Salvemini não quis aceitar a candidatura, embora tivesse ficado abalado e até mesmo comovido com a proposta (naquele tempo ainda não se falava de "perfídia" comunista e os costumes eram honestos e transparentes). Ele propôs Mussolini como candidato e se dispôs a ir a Turim para apoiar o Partido Socialista na campanha eleitoral. Participou, de fato, de dois grandiosos comícios, na Câmara do Trabalho e na praça do Estatuto, em meio ao entusiasmo da massa, que nele via e aplaudia o representante dos camponeses meridionais oprimidos e explorados de modo ainda mais odioso e bestial que o proletariado nortista.

A orientação potencialmente contida nesse episódio, que não teve maior desenvolvimento somente por causa da recusa de Salvemini, foi retomada e aplicada pelos comunistas no período pós-guerra. Recordemos os fatos mais destacados e sintomáticos.

Em 1919, formou-se a associação Jovem Sardenha, princípio e premissa do que viria a ser mais tarde o Partido Sardo de Ação[13]. A Jovem Sardenha propunha-se unir todos os sardos das ilhas e do continente num bloco regional, capaz de exercer uma eficiente pressão sobre o governo, com o objetivo de se cumprirem as promessas feitas aos soldados durante a guerra. O organizador da

[13] O Partido Sardo de Ação, de bases fortemente camponesas, defendia maior autonomia da Sardenha no quadro de uma Itália federalista. Afastou-se progressivamente das oposições democráticas e, em seu último congresso (setembro de 1925), formulou o projeto de criar um partido camponês de âmbito nacional. (N. E. O.)

Jovem Sardenha no continente era um tal professor Pietro Nurra[14], *socialista*, que muito provavelmente faz hoje parte do grupo de "jovens" que, em *Il Quarto Stato*, descobre a cada semana algum novo horizonte a explorar. Aderiam à Jovem Sardenha – com aquele entusiasmo criado pela expectativa de ganhar cruzes, comendas e medalhas – advogados, professores, funcionários públicos. A Assembleia Constituinte, convocada para reunir-se em Turim pelos sardos que viviam no Piemonte, resultou imponente pelo grande número de intervenções. Tratava-se, na maioria, de gente pobre, gente do povo, sem profissão definida, operários manuais, aposentados de baixa renda, ex-carabineiros, ex-agentes penitenciários, ex-guardas de finanças, que exerciam pequenas atividades de natureza muito variadas. Todos ficavam entusiasmados com a ideia de estar entre conterrâneos, de ouvir discursos sobre sua terra, à qual continuavam ligados por inúmeros laços de parentesco, de amizade, por recordações, sofrimentos, esperanças, entre as quais a de voltar à terra natal, mas a uma terra natal mais próspera e rica, que oferecesse as condições de viver, ainda que modestamente.

Os comunistas sardos, no preciso número de oito, foram à reunião, apresentaram à presidência uma moção e pediram para intervir apresentando uma proposta alternativa. Depois do discurso inflamado e retórico do orador oficial, adornado de todas as vênus e os querubins da oratória regionalista; depois que os outros oradores choraram ao recordar as dores passadas e o sangue derramado pelos regimentos sardos na guerra; depois que se entusiasmaram até o delírio com a ideia do bloco compacto de todos os filhos generosos

[14] Pietro Nurra (1871-1950) era estudioso de poesia dialetal sarda e de tradições populares. (N. E. O.)

da Sardenha – depois disso tudo, era muito difícil encaixar a proposta alternativa. As previsões mais otimistas eram, se não o linchamento, pelo menos um passeio na delegacia, após termos sido salvos das consequências do "nobre desdém da massa". Mas a proposta alternativa, se provocou um enorme espanto, foi ouvida com atenção; e, uma vez rompido o encantamento, logo se chegou, ainda que de modo metódico, a uma conclusão revolucionária. O dilema era o seguinte: "vocês, pobres-diabos sardos, são a favor de um bloco com os senhores da Sardenha que arruinaram vocês e são os defensores locais da exploração capitalista, ou são a favor de um bloco com os operários revolucionários do continente, que querem derrubar todas as explorações e emancipar todos os oprimidos?". Tal dilema penetrou na mente dos presentes. A votação foi um enorme sucesso: de um lado, um grupinho de damas elegantes, de funcionários com cartola, de profissionais liberais lívidos de raiva e de medo, cercados por uns quarenta policiais que serviam de claque; do outro, toda a multidão dos pobres-diabos e de suas graciosas mulherzinhas em trajes de festa, alinhados com a pequeníssima célula comunista. Uma hora depois, na Câmara do Trabalho, constituía-se um círculo educativo socialista sardo, com 256 filiados. A constituição da Jovem Sardenha foi adiada *sine die* e nunca mais ocorreu[15].

Foi também essa a base política da ação realizada entre os soldados da Brigada Sassari, de composição quase inteiramente regional. A Brigada Sassari havia participado da repressão ao movimento insurrecional de Turim em agosto de 1917. Dava-se como certo que ela jamais confraternizaria com os operários – não só em

[15] O episódio se deu na metade de fevereiro de 1920; sobre ele, ver, neste volume, "A Sardenha e a classe operária", p. 81. (N. E. O.)

função das lembranças de ódio que toda repressão deixa na massa, até mesmo contra os instrumentos materiais usados na repressão, mas também das reminiscências dos regimentos dos soldados caídos sob o golpe dos insurgentes. A brigada foi acolhida por uma massa de senhoras e senhores que ofereciam flores, charutos e frutas aos soldados. O estado de espírito dos soldados pode ser identificado pela seguinte recordação de um operário natural de Sassari, que trabalhava num curtume. Ele havia sido encarregado das primeiras sondagens de propaganda:

> Aproximei-me de um bivaque na praça X (os soldados sardos, nos primeiros dias, acamparam nas praças como numa cidade sitiada) e falei com um jovem camponês, que me acolheu cordialmente por ser ele também de Sassari. "O que vocês vieram fazer em Turim?", perguntei. "Viemos atirar contra os senhores que fazem greve." "Mas os que fazem greve não são senhores", contestei, "são operários e são pobres". Ele retrucou: "Aqui são todos senhores, usam paletó e gravata; ganham trinta liras por dia. Conheço como são os pobres e sei como se vestem; em Sassari, sim, existem muitos pobres; todos os que cavamos a terra somos pobres e ganhamos 1,50 lira por dia". "Mas eu também sou operário e sou pobre." "Você é pobre", disse ele, "porque é sardo". "Mas, se eu fizer greve com os outros, você vai atirar em mim?" O soldado refletiu um pouco, depois pôs a mão em meu ombro e disse: "Olhe, quando você fizer greve com os outros, fique em casa!".

Era esse o estado de espírito da esmagadora maioria da brigada, que contava apenas com poucos operários, mineiros da bacia de Iglesias. Contudo, poucos meses depois, nas vésperas da greve geral de 20 e 21 de julho, a brigada foi afastada de Turim, os soldados mais antigos foram licenciados e a formação se viu dividida em três: um terço foi mandado a Aosta; um terço, a Trieste; outro terço, a Roma. Fizeram a brigada partir de noite, sem aviso prévio;

nenhuma multidão elegante a aplaudiu na estação; seus cantos, se continuavam a ser guerreiros, não tinham mais o mesmo conteúdo daqueles que eram cantados na chegada.

Esses eventos ficaram sem consequências? Não, eles tiveram muitos resultados que persistem até hoje e continuam a agir no mais profundo da massa popular. Por um momento, iluminaram mentes que jamais haviam pensado naquela direção; essas mentes ficaram impressionadas e sofreram radicais modificações. Nossos arquivos se dispersaram; muitos papéis foram destruídos por nós mesmos, a fim de não dar motivo a prisões e perseguições. Mas recordamos dezenas e centenas de cartas enviadas da Sardenha à redação turinesa do *Avanti!*, cartas frequentemente coletivas, assinadas por todos os ex-combatentes da Brigada Sassari de certo povoado. Por caminhos incontrolados e incontroláveis, a atitude política que defendíamos se difundia. Essa atitude influenciou fortemente a base da formação do Partido Sardo de Ação; e seria possível recordar, quanto a isso, episódios ricos de conteúdo e de significado.

A última repercussão comprovada dessa ação teve lugar em 1922, quando, com os mesmos propósitos da Brigada Sassari, foram enviados a Turim carabineiros provenientes de Cagliari. Recebemos, na redação de *L'Ordine Nuovo*, uma declaração de princípios, assinada por grande parte desses carabineiros, na qual ecoava toda a nossa formulação do problema meridional. Essa era a prova definitiva da justeza de nossa orientação.

O proletariado tinha de assumir essa orientação a fim de que ela tivesse eficiência política. Isto é evidente: nenhuma ação de massa é possível sem que a própria massa esteja convencida das finalidades que quer alcançar e dos métodos a ser aplicados. O proletariado, para ser capaz de governar como classe, deve se despojar de todo resíduo corporativo, de todo preconceito ou incrustação sindicalista. O que isso significa? Que não só devem ser superadas as distinções entre as diferentes profissões, mas que é preciso – para conquistar a confiança e o consenso dos camponeses e de alguns segmentos semiproletários das cidades – superar alguns preconceitos e vencer determinados egoísmos que podem subsistir e subsistem na classe operária enquanto tal, mesmo quando já desapareceram de seu seio os particularismos de profissão. O metalúrgico, o marceneiro, o operário da construção civil etc. devem pensar como proletários e não mais como metalúrgico, marceneiro, operário da construção civil etc., como devem dar ainda um passo à frente: pensar como operários membros de uma classe que tende a dirigir os camponeses e os intelectuais, uma classe que só pode vencer e construir o socialismo se for apoiada e seguida pela grande maioria desses estratos sociais. Se não conseguir isso, o proletariado não se torna classe dirigente, e tais estratos, que representam na Itália a maioria da população, ao continuar sob a direção burguesa, darão ao Estado a possibilidade de resistir à ofensiva proletária e de derrotá-la.

Ora, o que ocorreu no terreno da questão meridional demonstrou que o proletariado compreendeu esses seus deveres. Dois fatos devem ser lembrados: um ocorrido em Turim, outro em Reggio Emilia, ou seja, na cidadela do reformismo, do corporativismo de classe, do protecionismo operário, que os "meridionalistas" tomam como exemplo em sua propaganda entre os camponeses do Sul.

Depois da ocupação das fábricas, a direção da Fiat propôs aos operários que assumissem a gestão da empresa sob a forma de uma cooperativa. Como é natural, os reformistas manifestaram-se a favor. Anunciava-se uma crise industrial, o fantasma do desemprego angustiava as famílias operárias. Se a Fiat se tornasse uma cooperativa, certa garantia de emprego poderia ser conquistada pelo conjunto dos operários, sobretudo por aqueles politicamente mais ativos, que estavam convencidos de que seriam demitidos[16].

A seção socialista, dirigida pelos comunistas, interveio energicamente na questão. Foi dito aos operários: "Uma grande empresa como a Fiat só pode ser assumida pelos operários se eles estiverem decididos a ingressar no sistema de forças políticas burguesas que hoje governa a Itália". A proposta da direção da Fiat fazia parte do plano político giolittiano. Em que consistia esse plano? A burguesia, já antes da guerra, não conseguia mais governar com tranquilidade. A insurreição dos camponeses sicilianos em 1894 e a insurreição de Milão em 1898 foram o *experimentum crucis* da burguesia italiana. Depois da sangrenta década de 1890-1900, a burguesia teve de renunciar a uma ditadura demasiadamente exclusivista, violenta e direta: insurgiram-se contra ela, ao mesmo tempo, ainda que não de modo coordenado, os camponeses do Sul e os operários do Norte. No novo século, a classe dominante inaugurou uma nova política, de alianças de classe, de blocos políticos de classe, ou seja, de democracia burguesa. Tinha de escolher: ou uma democracia rural, isto é, uma aliança com os camponeses meridionais, uma política de liberdade alfandegária, de sufrágio universal, de descentralização administrativa, de produtos industriais baratos, ou um bloco industrial capitalista-operário, sem sufrágio universal, com protecionismo

[16] A proposta de transformar a Fiat em cooperativa foi apresentada por Giovanni Agnelli em 18 de setembro de 1920, em meio ao processo de ocupação das fábricas. Era uma proposta de improvável realização, mas motivou debates entre os industriais e os governantes. Em particular, suscitou expectativas entre os reformistas da Confederação Geral do Trabalho. Ao deixar de lado a questão do controle operário, a proposta de Agnelli – por ele abandonada já no fim de outubro daquele ano – contribuiu, no momento em que foi feita, para quebrar a resistência dos trabalhadores. (N. E. O.)

alfandegário, com conservação do centralismo estatal (expressão do domínio burguês sobre os camponeses, especialmente no Sul e nas ilhas), com uma política reformista em face dos salários e das liberdades sindicais. Escolheu, não por acaso, a segunda solução; Giolitti personificou o domínio burguês; o Partido Socialista tornou-se o instrumento da política giolittiana. Se observarmos bem, foi na década 1900-1910 que se verificaram as crises mais radicais do movimento socialista e operário: a massa reagiu espontaneamente contra a política dos líderes reformistas. Nasce o sindicalismo, que é expressão instintiva, elementar, primitiva, mas sadia, da reação operária contra o bloco com a burguesia e a favor de um bloco com os camponeses e, em primeiro lugar, com os camponeses meridionais. Mais precisamente: o sindicalismo, em certo sentido, é uma débil tentativa dos camponeses meridionais, representados por seus intelectuais mais avançados, de dirigir o proletariado. Quem constitui o núcleo dirigente do sindicalismo italiano, qual é a essência ideológica do sindicalismo italiano? O núcleo dirigente do sindicalismo é constituído quase exclusivamente por meridionais: Labriola, Leone, Longobardi, Orano[17]. A essência ideológica do sindicalismo é um novo liberalismo, mais enérgico, mais agressivo, mais combativo que o tradicional. Se se analisar bem, dois são os motivos fundamentais em torno dos quais ocorrem as crises sucessivas do sindicalismo e a passagem gradual dos dirigentes sindicalistas para o campo burguês: a emigração e o livre comércio, dois motivos estreitamente ligados ao meridionalismo. O fato da emigração fez nascer a concepção da "nação proletária" de Enrico Corradini;

[17] Enrico Leone (1875-1940), redator do *Avanti!* até 1905, fundou o cotidiano *L'Azione* (depois *L'Azione sindacalista*); Ernesto Cesare Longobardi (1877-1943) foi colaborador de Arturo Labriola e redator de *La Propaganda*. (N. E. O.)

a guerra da Líbia foi vista, por todo um estrato de intelectuais, como o início da ofensiva da "grande proletária" contra o mundo capitalista e plutocrático[18]. Todo um grupo de sindicalistas passou para o nacionalismo; assim, o Partido Nacionalista foi constituído em sua origem por intelectuais ex-sindicalistas (Monicelli, Forges Davanzati, Maraviglia)[19]. O livro de Labriola, *Storia di dieci anni* [História de dez anos] (os dez anos que vão de 1900 a 1910), é a expressão mais típica e característica desse liberalismo antigiolittiano e meridionalista[20].

Nesses dez anos, o capitalismo se fortaleceu e se desenvolveu, dirigindo parte de sua atividade para a agricultura do vale do Pó. O traço mais característico desses dez anos foram as greves de massa dos operários agrícolas da região. Uma profunda transformação sacudiu os camponeses do Norte; verificou-se uma intensa

[18] Enrico Corradini (1865-1931), depois de militar brevemente no sindicalismo revolucionário, tornou-se um dos mais influentes ideólogos do movimento nacionalista na Itália. Foi o primeiro a formular a teoria das "nações proletárias" (entre as quais se incluiria a Itália), que seriam exploradas pelas "nações plutocráticas". Essas teorias de Corradini influenciaram não só o fascismo italiano, mas o nazismo alemão: não é casual que Hitler tenha escolhido para seu partido o nome de "nacional-socialista". Em 1910, Corradini organizou a Associação Nacionalista Italiana; em 1923, ingressou no Grande Conselho Fascista, sendo nomeado senador em 1928. (N. E. O.)

[19] A conversão de uma parte dos dirigentes e dos intelectuais sindicalistas ao movimento nacionalista de Corradini ocorreu por volta de 1910. Tomaso Monicelli (1883-1946), escritor e jornalista, ex-sindicalista revolucionário, dirigiu mais tarde o jornal nacionalista *L'Idea Nazionale*; Roberto Forges Davanzati (1880-1936), também ex-sindicalista, esteve entre os promotores do movimento nacionalista, tornando-se senador a partir de 1934 e membro do Grande Conselho Fascista; Maurizio Maraviglia (1879-1955), jornalista e político sindicalista, esteve entre os fundadores do movimento nacionalista, tendo sido codiretor de *L'Idea Nazionale*. (N. E. O.)

[20] Arturo Labriola, *Storia di dieci anni 1899-1909* (Milão, Il Viandante, 1910), utilizou chaves interpretativas típicas do meridionalismo radical: o Partido Socialista como elemento do sistema político giolittiano, convergência de interesses entre camada agrária meridional e burguesia do Norte, centralidade do problema do latifúndio na questão meridional etc. (N. E. O.)

diferenciação de classe (o número de assalariados agrícolas aumentou 50%, segundo o censo de 1911), à qual correspondeu uma reelaboração das correntes políticas e das mentalidades. A democracia cristã e o mussolinismo foram os dois produtos mais destacados da época: a Romanha foi o caldeirão regional dessas duas novas posições. O assalariado agrícola pareceu ter se tornado o protagonista social da luta política. A democracia social (*L'Azione* [A ação] de Cesena)[21], bem como o mussolinismo, logo se viram controlados pelos "meridionalistas". *L'Azione*, de Cesena, é uma edição regional do *L'Unità* de Gaetano Salvemini. O *Avanti!*, dirigido por Mussolini, de modo lento, mas seguro, vai se transformando num palco para os escritores sindicalistas e meridionalistas. Os Fancello, Lanzillo, Panunzio, Ciccotti tornam-se seus assíduos colaboradores; o próprio Salvemini não esconde suas simpatias por Mussolini, que se torna também um queridinho de *La Voce* [A voz], de Prezzolini. Com efeito, todos recordam que, quando Mussolini saiu do *Avanti!* e do Partido Socialista, foi cercado por essa legião de sindicalistas e meridionalistas[22].

A repercussão mais notável desse período, no campo revolucionário, foi a Semana Vermelha de junho de 1914, que teve a

[21] O *L'Azione* de Cesena era o jornal da Liga Democrata Cristã, fundado em 1911. (N. E. O.)

[22] Benito Mussolini dirigiu *Avanti!* de 1912 a 1914, quando foi expulso do PSI e fundou o jornal nacionalista *Il Popolo d'Italia*. Nicolò Fancello (1886-1944), sindicalista revolucionário e antifascista num primeiro momento, aderiu depois ao fascismo; Agostino Lanzillo (1886-1952), divulgador do pensamento de Sorel e militante do sindicalismo revolucionário, acompanhou Mussolini em sua passagem do *Avanti!* para *Il Popolo d'Italia*; Sergio Panunzio (1886-1944), jurista, atuou como jornalista na área sindicalista revolucionária; Francesco Ciccotti (1880-1937), jornalista, socialista de orientação reformista, estava também ligado ao sindicalismo revolucionário. Giuseppe Prezzolini (1882-1982), jornalista e escritor, iniciou sua atividade como publicista defendendo posições irracionalistas e nacionalistas (não por acaso colaborou com *Il popolo d'Italia*, jornal de Mussolini). Mais tarde, porém, manifestou até mesmo certa abertura para temas socialistas. (N. E. O.)

Romanha e as Marcas como epicentro[23]. No campo da política burguesa, a repercussão mais notável foi o Pacto Gentiloni[24]. Já que o Partido Socialista, em função dos movimentos agrários do vale do Pó, voltara depois de 1910 a adotar uma tática intransigente, o bloco industrial – sustentado e representado por Giolitti – perdeu eficácia. Giolitti virou a casaca: substituiu a aliança entre burgueses e operários por aquela entre burgueses e católicos, que representavam as massas camponesas da Itália setentrional e central. Por causa dessa aliança, o Partido Conservador de Sonnino foi inteiramente destruído, conservando uma pequeníssima célula apenas na Itália meridional, em torno de Antonio Salandra[25]. A guerra e o pós-guerra viram a classe burguesa sofrer uma série de processos moleculares da maior importância. Salandra e Nitti foram os primeiros sulistas a ocupar a chefia do governo

[23] Em 1914, em 7 de junho, a polícia de Ancona esmagou uma manifestação antimilitarista liderada pelo anarquista Enrico Malatesta, deixando três mortos e cinco feridos. No dia seguinte, greves e manifestações se alastraram pela Romanha e pelas Marcas, estendendo-se até as cidades do Norte do país, num movimento que ficou conhecido como Semana Vermelha. (N. E. O.)

[24] Em 1871, logo após a unificação italiana, o Vaticano declarou que "não era permitido" (*non expedit*) aos católicos votar nas eleições parlamentares. Entre 1904 e 1909 essa resolução foi abrandada e, em 1919, abolida. O pacto Gentiloni foi estatuído secretamente, em 1913, e autorizava os católicos a votarem nos candidatos governistas, a fim de impedir o avanço dos socialistas. (N. E. O.)

[25] Giorgio Sidney Sonnino (1847-1922) foi um dos principais líderes da direita tradicional no fim do século XIX e no início do século XX. Ocupou o ministério das Relações Exteriores durante a Primeira Guerra Mundial, nomeado por Antonio Salandra (1853-1931), seu afilhado político, que era então primeiro-ministro. Salandra e Sonnino só ocuparam estavelmente o poder por ocasião da Primeira Guerra Mundial, no intervalo entre dois governos Giolitti. O governo Salandra, de início defensor da neutralidade da Itália, passou depois a apoiar a entrada na guerra ao lado da Tríplice Entente (ou seja, da coalizão formada sobretudo pela França, Inglaterra, Rússia e, mais tarde, pelos Estados Unidos), quando a Áustria se recusou a devolver os territórios italianos sob seu domínio. No pós-guerra, Salandra apoiou o fascismo, mas se retirou da vida pública em 1925. (N. E. O.)

(se excetuarmos, claro, os sicilianos, como Crispi, que foi o mais enérgico representante da ditadura burguesa no século XIX) e procuraram realizar o plano burguês industrial-agrário meridional, fosse no terreno conservador de Salandra, fosse naquele democrático de Nitti (esses dois chefes de governo foram solidamente ajudados pelo *Corriere della Sera*, ou seja, pela indústria têxtil da Lombardia)[26].

Já durante a guerra, Salandra tentou deslocar em favor do Sul as forças técnicas da organização estatal e substituir a burocracia governamental giolittiana por um novo pessoal, capaz de encarnar o novo curso político da burguesia. Todos se recordam da campanha liderada pelo *Stampa*, particularmente em 1917 e 1918, a favor de uma estreita colaboração entre giolittianos e socialistas, a fim de impedir a "puglificação"[27] do Estado. Essa campanha foi conduzida por Francesco Cicotti, o que significa que ela era, de fato, uma expressão do acordo entre Giolitti e os reformistas. A questão não era de pouco peso, e os giolittianos, no afã de se defender, chegaram a superar os limites permitidos a um partido da grande burguesia, ou seja, chegaram a manifestações de antipatriotismo e de derrotismo que estão na memória de todos. Giolitti está hoje novamente no poder; a grande burguesia

[26] Francesco Saverio Nitti (1868-1953), depois de ter sido ministro nos governos chefiados por Giolitti e por Vittorio Orlando, tornou-se primeiro-ministro e ministro do Interior durante o chamado "biênio vermelho" (1919-1920), quando implementou o sistema proporcional de representação. Exilou-se com o advento do fascismo. De volta à Itália no segundo pós-guerra, tornou-se importante membro do Partido Nacional Democrático. Francesco Crispi (1818-1901) rompeu com a esquerda parlamentar e o republicanismo em 1865 e tornou-se monarquista. Foi ministro do Interior e primeiro-ministro em várias ocasiões entre 1876 e 1896, quando se converteu no mais entusiasta defensor da expansão colonial italiana. (N. E. O.)

[27] Alusão ao fato de que Salandra era originário da Puglia. (N. E. O.)

voltou a confiar nele, em função do pânico que a invade diante do impetuoso movimento das massas populares[28]. Giolitti quer domesticar os operários de Turim. Derrotou-os duas vezes, na greve de abril passado e na ocupação das fábricas, contando, em ambos os casos, com a ajuda da Confederação Geral do Trabalho, isto é, do reformismo corporativo[29]. Pensa agora que pode enquadrá-los no sistema burguês estatal. Com efeito, o que acontecerá se os trabalhadores da Fiat aceitarem a proposta da direção[30]? As atuais ações da empresa serão transformadas em obrigações, ou seja, a cooperativa terá de pagar aos portadores de obrigações um dividendo fixo, qualquer que seja o volume dos negócios. A empresa Fiat sofrerá todo tipo de chantagem por parte das instituições de crédito que permanecem sob propriedade dos burgueses, os quais têm interesse em conservar os operários sob seu controle. Os operários terão necessariamente de se ligar ao Estado, que "virá em seu socorro" via ação dos deputados operários, via subordinação do partido político operário à política governamental. É esse, em toda sua extensão, o plano de Giolitti. O proletariado de Turim não mais existirá como classe independente,

[28] O uso do tempo presente a partir desta frase leva Gramsci a cometer aqui um evidente anacronismo: quem estava "hoje" (em 1926) no poder não era Giolitti, e sim Mussolini. Nesta e nas próximas frases, ele evidentemente se refere ao último governo Giolitti, quando têm lugar os fatos mencionados no restante do parágrafo. No parágrafo seguinte, Gramsci volta a usar os verbos no passado. (N. E. O.)

[29] A "greve dos ponteiros" girou em torno da competência e do poder das comissões internas. Em 28 de marco de 1920, a direção da Fiat modificou os relógios, substituindo a hora solar pela hora legal. Em 13 de abril, as comissões decidiram por uma greve que se estendeu por todo o Piemonte, envolvendo cerca de 500 mil operários e camponeses. Desautorizado pelas instâncias dirigentes da CGdL e sem apoio da direção do PSI, o movimento terminou isolado e derrotado, em 24 de abril do mesmo ano. [Ver Antonio Gramsci, "O movimento turinês dos conselhos de fábrica", *Homens ou máquinas?* (trad. Carlos Nelson Coutinho e Rita Coitinho, São Paulo, Boitempo, 2021).] (N. E. O.)

[30] Como o leitor se recorda, trata-se da proposta da direção da Fiat no sentido de transformar a empresa numa cooperativa gerida por seus trabalhadores. (N. E. O.)

apenas como um apêndice do Estado burguês. O corporativismo de classe terá triunfado, mas o proletariado terá perdido sua posição e sua função de dirigente e de guia. Será visto pelas massas dos operários mais pobres como um privilegiado e, pelos camponeses, como um explorador igual à burguesia, já que a burguesia – como sempre fez – apresentará às massas camponesas os núcleos operários privilegiados como a única causa de seus males e sua miséria.

Os trabalhadores da Fiat aceitaram quase por unanimidade nosso ponto de vista e as propostas da direção foram recusadas. Mas esse não foi o único caso. O proletariado turinês, com toda uma série de ações, demonstrou ter alcançado altíssimo nível de maturidade e de capacidade política. Os técnicos e os empregados de fábrica, em 1919, só puderam melhorar suas condições porque foram apoiados pelos operários. Para quebrar a agitação dos técnicos, os industriais propuseram aos operários que eles mesmos nomeassem, por meio de eleições, os chefes de equipe e de seção; os operários não aceitaram a proposta, apesar das muitas razões que tinham para entrar em conflito com os técnicos, que sempre haviam sido um instrumento patronal de repressão e de perseguição. Os jornais fizeram, então, uma furiosa campanha para isolar os técnicos, tornando públicos seus altíssimos salários, que chegavam a até 7 mil liras por mês. Os operários qualificados ajudaram a agitação dos manuais, que só assim conseguiram se impor: no interior das fábricas, foram varridos todos os privilégios e as explorações das categorias mais qualificadas em detrimento das menos qualificadas. Com essas ações, a vanguarda proletária conquistou sua posição social de vanguarda; foi essa a base do desenvolvimento do Partido Comunista em Turim. E fora de Turim? Assumimos como objetivo deliberado levar a questão para além da cidade, mais precisamente para

Reggio Emilia, onde existia a maior concentração de reformismo e de corporativismo de classe.

Reggio Emilia sempre foi o alvo dos "meridionalistas". Uma frase de Camillo Prampolini – "A Itália se divide em '*nordici*' [nortistas] e '*sudici*' [sulistas]"[31] – era, de certo modo, a expressão mais característica do ódio violento contra os operários do Norte, tão difundido entre os meridionalistas. Em Reggio Emilia, apresentou-se uma questão similar à da Fiat: uma grande fábrica devia passar para as mãos dos operários como empresa cooperativa. Os reformistas de Reggio estavam eufóricos com o fato e o trombeteavam em jornais e reuniões. Um comunista turinês foi a Reggio, tomou a palavra na assembleia da fábrica, expôs a questão entre Norte e Sul em seu conjunto e obteve um "milagre": os operários, em sua imensa maioria, rechaçaram a tese reformista e corporativa[32]. Ficou demonstrado que os reformistas não representavam o espírito dos operários de Reggio: representavam apenas sua passividade e outros de seus lados negativos. Conseguiram instaurar um monopólio político, dada a notável concentração em suas fileiras de organizadores

[31] Um jogo de palavras intraduzível. *Nordico*, em italiano, significa "do norte", ainda que evoque, como em português, o habitante do norte da Europa. Apesar da aparente analogia ("sul", em italiano, é *sud*), *sudicio* não quer dizer "do sul", ou "sulista" (que seria *sudista*), mas simplesmente "sujo", "fedorento" etc. Portanto, além de intraduzível, o jogo de palavras é infame. O inventor da infâmia, Camillo Prampolini (1859-1930), era um socialista reformista de Reggio Emilia (Norte da Itália) ligado à "escola positiva". (N. E. O.)

[32] Trata-se da intervenção de Umberto Terracini na assembleia de fábrica das Officine Meccaniche Italiane. Terracini (1895-1983) esteve entre os fundadores de *L'Ordine Nuovo* e do PCI. Membro da presidência da Terceira Internacional entre 1921 e 1924, tornou-se depois um dos principais colaboradores de Gramsci quando este foi eleito secretário-geral do PCI. Preso na mesma época que Gramsci, foi condenado pelo tribunal instituído pelo fascismo a 23 anos de cárcere. Libertado em 1943, ainda participou da resistência antifascista. Presidiu a Assembleia Constituinte entre 1947 e 1948. Foi senador e membro do Comitê Central do PCI até o fim da vida. Gramsci menciona o fato em seu artigo "Un asino bardato" [Um burro adestrado], *L'Ordine Nuovo*, 9 de fevereiro de 1921. (N. E. O.)

e propagandistas de certo valor profissional; e, desse modo, impediram o desenvolvimento e a organização de uma corrente revolucionária. Mas bastou a presença de um revolucionário capaz para pô-los em xeque e revelar que os operários de Reggio são valorosos combatentes e não porcos alimentados com ração governamental.

Em abril de 1921, 5 mil operários revolucionários foram demitidos pela Fiat, os conselhos de fábrica foram abolidos, os salários reais foram reduzidos. Em Reggio Emilia, provavelmente ocorreu algo semelhante. Ou seja, os operários foram derrotados. Mas o sacrifício que eles fizeram foi inútil? Não nos parece; aliás, estamos seguros de que não foi inútil. Decerto, é difícil registrar uma série de grandes eventos de massa que prove a eficácia imediata dessas ações. No entanto, no que se refere aos camponeses, esse registro é sempre difícil e quase impossível; é ainda mais difícil no que se refere à massa camponesa do Sul.

O Sul pode ser definido como uma grande desagregação social; os camponeses, que constituem a grande maioria da população meridional, não têm nenhuma coesão entre si. (Decerto que há exceções: a Puglia, a Sardenha, a Sicília, nas quais há características especiais no grande quadro da estrutura meridional.) A sociedade meridional é um grande bloco agrário constituído por três estratos sociais: a ampla massa camponesa amorfa e desagregada; os intelectuais da pequena e média burguesia rural; e os grandes proprietários agrários e os grandes intelectuais. Os camponeses meridionais estão em perpétua fermentação; enquanto massa, porém, são incapazes de dar uma expressão centralizada a suas aspirações e suas necessidades. O estrato médio dos intelectuais recebe da base camponesa os impulsos para sua atividade política e ideológica. Os grandes proprietários, no campo político, e os grandes intelectuais, no campo ideológico, centralizam e dominam, em última instância, todo esse conjunto de manifestações. Como é natural, é no campo ideológico que a centralização se verifica com maior eficácia e precisão. Giustino Fortunato e Benedetto Croce, portanto, representam as bases de sustentação do sistema meridional; e, em certo sentido, são as duas maiores figuras da reação italiana.

Os intelectuais meridionais são um estrato social dos mais interessantes e dos mais importantes na vida nacional italiana. Para atestar isso, basta pensar que mais de três quintos da burocracia estatal são constituídos por meridionais. Ora, para compreender a particular mentalidade dos intelectuais meridionais, é preciso levar em conta alguns fatos:

1) Em todos os países, o estrato dos intelectuais foi radicalmente modificado pelo desenvolvimento do capitalismo. O velho tipo de intelectual era o elemento organizador de uma sociedade de base predominantemente camponesa e artesã; para organizar o Estado e o comércio, a classe dominante treinava um tipo específico de intelectual. A indústria introduziu um novo tipo de intelectual: o organizador técnico, o especialista da ciência aplicada. Nas sociedades em que as forças econômicas se desenvolveram em sentido capitalista, até absorver a maior parte da atividade nacional, predominou esse segundo tipo de intelectual, com todas as suas características de ordem e disciplina. Ao contrário, nos países em que a agricultura exerce ainda um papel muito importante ou mesmo predominante, continua a prevalecer o velho tipo, que fornece a maior parte dos funcionários estatais; mesmo na esfera local, na vila e na cidadezinha rural, ele exerce a função de intermediário entre o camponês e a administração em geral. Na Itália meridional, predomina o segundo tipo, com todas as características: ele é democrático quando se

dirige aos camponeses, mas é reacionário, politiqueiro, corrupto e desleal quando se relaciona com o grande proprietário e com o governo. Não se pode compreender a figura tradicional dos partidos políticos meridionais se não se levam em conta as características desse estrato social.

2) O intelectual meridional origina-se predominantemente de uma camada que ainda é muito importante no Sul: o burguês rural, ou seja, o pequeno e médio proprietário de terras, que não é camponês, que não trabalha a terra, que ficaria envergonhado se fosse agricultor, mas que pretende obter da pouca terra que tem, ou arrendada ou explorada em meação, o que precisa para viver com certa folga, para mandar os filhos ou à universidade ou ao seminário, para proporcionar às filhas um dote que lhes permita o casamento com um funcionário estatal militar ou civil. Os intelectuais herdam dessa camada uma profunda aversão pelo camponês trabalhador, considerado máquina de trabalho que deve ser espremida até o osso e que pode ser facilmente substituída, dada a existência de uma superpopulação trabalhadora. Herdam também o sentimento atávico e instintivo de pânico diante do camponês e de suas violências destruidoras e, portanto, um hábito de sofisticada hipocrisia e refinadíssima arte de enganar e de domesticar as massas camponesas.

3) Já que o clero pertence ao grupo social dos intelectuais, é preciso registrar a diversidade de características entre o clero meridional, em seu conjunto, e o clero setentrional. O padre do Norte, de modo geral, é filho de um artesão ou de um camponês; é moralmente mais correto que o padre do Sul, o qual, com frequência, convive quase abertamente com uma mulher e, por isso, exerce uma função espiritual mais completa socialmente, ou seja,

é dirigente de toda a atividade de uma família. No Norte, a separação entre a Igreja e o Estado e a expropriação dos bens eclesiásticos foi mais radical que no Sul, onde paróquias e conventos conservaram ou reconstituíram significativas propriedades mobiliárias e imobiliárias. No Sul, o padre se apresenta ao camponês: 1) como administrador de terras, com o qual o camponês entra em conflito por causa do valor do arrendamento; 2) como usurário que cobra altíssimas taxas de juros e se vale do elemento religioso para obter com segurança o pagamento da renda e dos juros; 3) como homem submetido às paixões comuns (mulheres e dinheiro) e que, portanto, espiritualmente, não oferece garantias de sua discrição nem de sua imparcialidade. Por isso, a confissão desempenha uma reduzidíssima função dirigente e o camponês meridional, se costuma ser supersticioso em sentido pagão, não é clerical. Tudo isso, em conjunto, explica a razão pela qual o Partido Popular (com exceção de algumas zonas da Sicília) não desfruta de posição importante no Sul, não possui nenhuma rede de organizações e de instituições de massa. A atitude do camponês com relação ao clero se resume num dito popular: "O padre é padre no altar; fora dele, é um homem como outro qualquer".

O camponês meridional liga-se ao grande proprietário rural por meio do intelectual. Os movimentos camponeses, na medida em que não se articulam em organizações de massa autônomas e independentes, ainda que apenas formalmente (ou seja, capazes de selecionar quadros camponeses de origem camponesa e de registrar e acumular as diferenciações e os progressos que se realizam no movimento), terminam por se enquadrar nas instituições normais do aparelho estatal – prefeituras, governos provinciais, Câmara dos Deputados – por meio de composições e decomposições dos partidos locais, cujos quadros são formados por intelectuais, mas são controlados pelos grandes proprietários e por seus homens de confiança, como Salandra, Orlando, Di Cesarò[33]. A guerra pareceu introduzir um novo elemento nesse tipo de organização, ou seja, o movimento dos ex-combatentes, no qual os camponeses-soldados e os intelectuais-oficiais formavam um bloco mais unido entre si e, em certa medida, antagônico aos grandes proprietários. Não durou muito; seu último resíduo foi a União Nacional concebida por Amendola, que, graças a seu antifascismo, teve apenas uma existência embrionária. Contudo, tendo em vista a completa inexistência de qualquer tradição de organização *explícita* dos intelectuais *democratas* do Sul, mesmo esse agrupamento deve ser destacado e levado em conta, já que pode evoluir, em novas condições de política geral, de um filete de água para uma caudalosa torrente[34].

A única região onde o movimento dos ex-combatentes assumiu perfil mais preciso e conseguiu constituir estrutura social mais sólida foi a Sardenha. O que é compreensível, dado que a classe dos grandes proprietários rurais é reduzidíssima na Sardenha e não tem as antiquíssimas tradições intelectuais culturais e governamentais do Sul continental. A pressão de baixo exercida pelas massas de

[33] Vittorio Emanuele Orlando (1860-1952), natural de Palermo, chefiou o governo italiano entre 1917 e 1919. Em 1922, tentou formar um governo com a presença dos fascistas; mais tarde, porém, afastou-se do regime mussoliniano. No segundo pós-guerra, voltaria a ter participação política destacada como membro da Assembleia Constituinte. Giovanni Colonna di Cesarò (1878-1940), deputado eleito pela Sicília a partir de 1909, foi reeleito pela última vez em 1924. Um dos líderes da democracia social, foi ministro no primeiro governo Mussolini. (N. E. O.)

[34] A União Nacional foi um movimento político constituído em novembro de 1924 por Giovanni Amendola (1882-1926) e outros intelectuais antifascistas de origem liberal-democrática; teve certo desenvolvimento no Sul, mas, em dezembro de 1925, foi dissolvido pelo próprio Amendola. (N. E. O.)

camponeses e de pastores não encontra contrapeso sufocante no estrato social superior dos grandes proprietários: os intelectuais dirigentes sofrem essa pressão e dão passos notavelmente mais avançados que os da União Nacional. A situação da Sicília tem características diferenciais bastante profundas, tanto em relação à Sardenha quanto ao Sul. Os grandes proprietários sicilianos são muito mais coesos e decididos que os do Sul continental; de resto, existe naquela ilha uma razoável indústria e um comércio bastante diversificado (a Sicília é a região mais rica de todo o Sul e uma das mais ricas da Itália); as classes superiores sentem fortemente sua importância na vida nacional e fazem com que isso pese. A Sicília e o Piemonte são as regiões que deram o maior número de dirigentes políticos ao Estado italiano, as que mais exerceram uma função proeminente a partir de 1870. As massas populares sicilianas são mais avançadas que as do Sul, mas o progresso delas assumiu uma forma tipicamente siciliana: existe um socialismo de massa siciliano, que tem uma tradição e um desenvolvimento peculiares. Na Câmara de 1922, eles eram cerca de 20 deputados dos 52 eleitos pela ilha.

Dissemos que o camponês meridional se liga ao grande proprietário rural por meio do intelectual. Esse tipo de organização é o mais difundido em todo o Sul continental e na Sicília. Ele põe em funcionamento um monstruoso bloco agrário que, em conjunto, atua como intermediário e controlador a serviço do capitalismo setentrional e dos grandes bancos. Sua única finalidade é conservar o *status quo*. Em seu seio, não existe nenhuma luz intelectual, nenhum programa, nenhum impulso no sentido de aprimoramento e progresso. Se alguma ideia e algum programa foram afirmados, estes tiveram sua origem fora do Sul, nos grupos políticos agrário-conservadores, sobretudo da Toscana, que se associaram no Parlamento aos conservadores do bloco agrário meridional. Sonnino e Franchetti estiveram entre os poucos burgueses inteligentes a formular o problema meridional como problema nacional e a traçar um plano de governo para sua solução[35]. Qual era o ponto de vista de Sonnino e de Franchetti? Era a necessidade de criar na Itália meridional um estrato médio independente de caráter econômico, que funcionasse, como então se dizia, como "opinião pública" e que, por um lado, limitasse o arbítrio cruel dos proprietários e, por outro, moderasse o insurrecionismo dos camponeses pobres. Sonnino e Franchetti ficaram muito espantados com a popularidade desfrutada no Sul pelas ideias do bakuninismo da Primeira Internacional[36]. Esse espanto os fez cometer erros grotescos. Numa de suas publicações, por exemplo, mencionam o fato de um restaurante ou uma *trattoria* popular da Calábria (cito de memória) chamar-se "Aos grevistas" [*Agli scioperanti*], para demonstrar como eram difundidas e enraizadas as ideias internacionalistas. O fato, se é verdadeiro (e deve sê-lo, dada a probidade intelectual dos autores), explica-se de modo mais simples se lembrarmos que no Sul são numerosas as colônias de albaneses e que a palavra *skipetari*[37] sofreu, nos dialetos, as mais estranhas e curiosas deformações (de tal modo que, em alguns documentos da

[35] Sonnino e Leopoldo Franchetti (1847-1917) eram conservadores toscanos. Em 1873-1875, realizaram ampla pesquisa sobre as condições sociais e administrativas da região napolitana e da Sicília, da qual resultaram alguns livros assinados pelos dois. A partir de 1878, editaram a revista *La Rassegna Settimanale* [Revista Semanal], onde foram publicados muitos textos sobre a "questão meridional". (N. E. O.)

[36] "Bakunismo" indica as doutrinas do russo Mikhail Bakunin (1814-1876), conhecido intelectual e dirigente anarquista. Fundou a Aliança da Social Democracia, organização secreta que ingressou na Associação Internacional dos Trabalhadores em 1868. Depois de intensas polêmicas com Karl Marx, Bakunin e seu grupo foram oficialmente expulsos da chamada Primeira Internacional, em 1872. Apesar disso, ele e seus discípulos continuaram a ter forte influência política nos países latinos, sobretudo na Itália e na Espanha. (N. E. O.)

[37] Em albanês, "*shiqiptar*" quer dizer, precisamente, "albanês". (N. E. O.)

República Veneziana, fala-se em formações militares de *s'ciopetà*). Ora, não é tanto que as teorias de Bakunin fossem difundidas no Sul, mas antes que a situação ali era de tal ordem que provavelmente sugeriu a Bakunin suas teorias: decerto, os camponeses pobres do Sul pensavam na "desagregação" muito antes de o cérebro de Bakunin ter imaginado a teoria da "pandestruição".

Nunca se tentou nem mesmo iniciar a execução do plano governamental de Sonnino e Franchetti. E não era possível fazê-lo. Na organização da economia nacional e do Estado, o núcleo das relações entre o Norte e o Sul é de tal ordem que o nascimento de uma ampla classe média de natureza econômica (o que significa, de resto, o nascimento de uma ampla burguesia capitalista) tornou-se quase impossível. Os sistemas fiscal e alfandegário, bem como o fato de que os capitalistas proprietários de empresas não reinvestem os lucros na região porque não fazem parte dela, tornam impossível qualquer acumulação de capital e de poupança no Sul. Quando a emigração atingiu, no século XX, as formas gigantescas que assumiu, e as primeiras remessas de dinheiro começaram a afluir da América, os economistas liberais gritaram triunfantes: "O sonho de Sonnino torna-se realidade. Uma silenciosa revolução está ocorrendo no Sul, que lenta, mas seguramente, modificará toda a estrutura econômica e social do país". Mas o Estado interveio, e a revolução silenciosa foi sufocada no nascedouro. O governo ofereceu bônus do tesouro com remuneração garantida; com isso, os emigrantes e suas famílias, de agentes de uma revolução silenciosa, transformaram-se em agentes para dar ao Estado os meios financeiros para subsidiar as indústrias parasitárias do Norte. Francesco Nitti, situado no plano democrático e formalmente fora do bloco agrário meridional, poderia parecer um efetivo realizador do programa de Sonnino, mas terminou, ao contrário, por ser o melhor instrumento do capitalismo setentrional para se apropriar dos últimos recursos da poupança meridional. Os milhões tragados pelo Banco de Descontos eram quase todos provenientes do Sul: os 400 mil credores desse banco eram, em sua imensa maioria, poupadores meridionais[38].

Acima do bloco agrário, funciona no Sul um bloco intelectual que, até agora, serviu praticamente para impedir que as fissuras do bloco agrário se tornassem demasiado perigosas e provocassem uma ruptura. Expoentes desse bloco intelectual são Giustino Fortunato e Benedetto Croce, os quais, por isso, podem ser considerados os reacionários mais atuantes da península.

Dissemos que a Itália meridional é uma grande desagregação social. Essa fórmula pode servir não só para os camponeses, mas também para os intelectuais. É significativo o fato de que, no Sul, ao lado de imensas propriedades, tenham existido e ainda existam grandes acumulações culturais e de inteligência em indivíduos ou em restritos grupos de grandes intelectuais, ao passo que não há uma organização da cultura média. No Sul, existem a editora Laterza e a revista *La Critica*[39], bem como academias e organizações culturais de grande erudição; mas não há revistas pequenas e médias nem editoras em torno das quais se agrupem formações médias de intelectuais meridionais. Os sulistas que tentaram sair do bloco agrário e formular de modo radical a questão meridional encontraram hospitalidade em revistas publicadas fora do Sul e se agruparam em torno

[38] Fundado em dezembro de 1914, o Banco de Descontos foi chamado a subvencionar algumas das principais indústrias bélicas. Com isso, cresceu enormemente sua dívida junto ao Banco da Itália. Em dezembro de 1921, foi decretada a concordata do Banco de Descontos e, em seguida, sua falência. (N. E. O.)

[39] *La Critica*, publicada em Nápoles, era dirigida por Croce, que também exercia grande influência na editora Laterza, sediada em Bari. (N. E. O.)

delas. Aliás, pode-se dizer que todas as iniciativas culturais ocorridas na Itália Central e do Norte no século XX, provenientes de intelectuais médios, foram caracterizadas pelo meridionalismo, já que foram fortemente influenciadas por intelectuais meridionais: é o caso de todas as revistas do grupo de intelectuais florentinos (*La Voce*, *L'Unità*), das revistas dos democratas cristãos (como *L'Azione*, de Cesena), daquelas dos jovens intelectuais emilianos e milaneses de G. Borelli (como *Patria* de Bolonha ou *L'Azione* de Milão) e, por fim, de *La Rivoluzione Liberale*, de Gobetti[40]. Ora, os supremos moderadores políticos e intelectuais de todas essas iniciativas foram Giustino Fortunato e Benedetto Croce. Num círculo bem mais amplo que aquele sufocante do bloco agrário, eles conseguiram que a formulação dos problemas meridionais não superasse certos limites, ou seja, não se tornasse revolucionária. Homens de imensa cultura e inteligência, originários do terreno tradicional do Sul, mas ligados à cultura europeia e consequentemente mundial, eles dispunham de todas as qualificações para dar uma satisfação às necessidades intelectuais dos mais honestos representantes da juventude culta do

[40] *La Voce* foi fundada em 1908 por Giuseppe Prezzolini (1882-1982), com colaboração de Giovanni Papini (1881-1956). Prezzolini evoluiu de suas iniciais posições antirracionalistas e nacionalistas para o idealismo crociano, com alguma abertura para temas socialistas (via Sorel), mas terminou por ajustar suas orientações às exigências culturais do fascismo em ascensão. Já Papini afasta-se de *La Voce* em direção ao futurismo, atacando os "valores burgueses" em nome de uma filosofia da ação voluntarista e nacionalista. Converte-se ao catolicismo e torna-se mais tarde, também ele, adepto do fascismo. Giovanni Borelli (1867--1932) foi redator-chefe do *Corriere della Sera* e fundador, em 1901, do Partido Liberal Juvenil Italiano, que se propunha fortalecer a monarquia representativa e estimular o surgimento de uma burguesia reformista, aberta às demandas populares. Esse partido teve numerosos órgãos de imprensa, entre os quais a *L'Agione* milanesa e a *Patria* bolonhesa. Piero Gobetti (1901-1926), apesar da curta vida, teve um papel enorme no cenário intelectual italiano do século XX. Organizou e publicou periódicos, escreveu inúmeros artigos e ensaios em que defendia uma "revolução liberal" que completasse a obra do *Risorgimento*, que lhe parecia claro exemplo de uma "revolução abortada". (N. E. O.)

Sul, para lhes aplacar as irrequietas veleidades de revolta contra as condições existentes, para os dirigir no sentido de uma linha média de serenidade clássica no pensamento e na ação. Os chamados neo-protestantes ou calvinistas não compreenderam que na Itália, dada a impossibilidade da emergência de uma reforma religiosa de massa, dadas as condições modernas da civilização, teve lugar a única reforma historicamente possível, aquela encarnada na filosofia de Benedetto Croce: com ela, modificaram-se a orientação e o método de pensamento, foi construída uma nova concepção do mundo que superou o catolicismo e todas as outras religiões mitológicas. Nesse sentido, Benedetto Croce cumpriu uma altíssima função "nacional": separou os intelectuais radicais do Sul das massas camponesas, levou-os a participar da cultura nacional e europeia e, por essa cultura, fez com que fossem absorvidos pela burguesia nacional e, portanto, pelo bloco agrário.

L'Ordine Nuovo e os comunistas turineses – embora, em certo sentido, possam ser ligados às formações intelectuais mencionadas e, portanto, também tenham sofrido a influência intelectual de Giustino Fortunato e Benedetto Croce – representam, ao mesmo tempo, uma completa ruptura com aquela tradição e o início de um novo desenvolvimento, que já deu e ainda dará frutos. Como já foi dito, eles puseram o proletariado urbano como protagonista moderno da história italiana e, por conseguinte, da questão meridional. Tendo servido de intermediários entre o proletariado e determinados estratos de intelectuais de esquerda, conseguiram modificar – se não completamente, pelo menos de modo significativo – a orientação mental de tais intelectuais. Se refletirmos bem, veremos que é esse o principal elemento da figura intelectual de Piero Gobetti. Ele não era comunista e, provavelmente, jamais o seria, mas compreendeu a posição social e histórica do proletariado e não mais conseguia pensar abstraindo-se desse elemento. No trabalho comum do jornal[41], Gobetti foi posto por nós em contato com um mundo vivo, que antes havia conhecido apenas por meio das fórmulas livrescas. Suas mais destacadas características eram a lealdade intelectual e a completa ausência de qualquer vaidade e mesquinhez de natureza inferior; por isso, não podia deixar de se convencer de que toda uma série de modos tradicionais de ver e de conceber o proletariado era falsa e injusta. Que consequência tiveram em Gobetti esses contatos com o mundo proletário? Eles foram a origem e o impulso para uma concepção que não queremos discutir e aprofundar aqui, uma concepção que se liga em grande parte ao sindicalismo e ao modo de pensar dos sindicalistas intelectuais: nela, os princípios do liberalismo são projetados da ordem dos fenômenos individuais para a dos fenômenos de massa. As qualidades de excelência e de prestígio na vida dos indivíduos são transportadas para as classes, concebidas quase como individualidades coletivas. Tal concepção costuma levar os intelectuais que a defendem à pura contemplação e ao registro dos méritos e dos deméritos, a uma posição odiosa e antipática de árbitros nas disputas, de distribuidores de prêmios e de castigos. Gobetti praticamente escapou desse destino. Revelou-se um organizador cultural de extraordinário valor e desempenhou, nesse último período, uma função que não deve ser esquecida nem subestimada pelos operários. Cavou uma trincheira para além da qual não recuarão aqueles grupos de intelectuais mais honestos e sinceros, que, nos anos 1919-1921,

[41] O jornal aqui mencionado é o *L'Ordine Nuovo* cotidiano, no qual Gobetti colaborava como crítico teatral. (N. E. O.)

sentiram que o proletariado seria superior à burguesia como classe dirigente. Certas pessoas andaram espalhando – algumas de boa-fé e com honestidade, outras de má-fé e desonestamente – que Gobetti não passava de um comunista disfarçado, de um agente, se não do Partido Comunista, pelo menos do grupo comunista de *L'Ordine Nuovo*. Esses tolos boatos não merecem sequer um desmentido. A figura de Gobetti e o movimento por ele representado foram produções espontâneas do novo clima histórico italiano: e é nisso que residem seu significado e sua importância. Companheiros de partido nos criticaram algumas vezes por não termos combatido a corrente de ideias representada por *La Rivoluzione Liberale*[42]: essa ausência de luta, aliás, pareceu a prova da ligação orgânica, de caráter maquiavélico (como se costuma dizer), entre nós e Gobetti. Mas não podíamos combater Gobetti porque ele representava um movimento que não deve ser combatido, pelo menos em princípio. Não compreender isso significa não compreender o problema dos intelectuais e a função que eles desempenham na luta de classes. Gobetti nos servia praticamente de ligação: 1) com os intelectuais nascidos no terreno da técnica capitalista que haviam assumido uma posição de esquerda, favorável à ditadura do proletariado, em 1919 e 1920; 2) com uma série de intelectuais meridionais que, por

[42] Numa entrevista dada já depois da queda do fascismo, Amadeo Bordiga (1889-1970) conta que, certa feita, pediu a Gramsci que lhe emprestasse uma coleção de *La Rivoluzione Liberale*, "mas Gramsci, que conhecia bem a mim, a Gobetti e a si mesmo, logo compreendeu que eu queria fazer uma impiedosa crítica do método de Gobetti, o que lhe desagradava. Então me respondeu: 'Não, Amadeo, não fique com raiva de mim, mas não posso lhe fazer esse favor. E me faça você um favor: não trate do tema Gobetti'. Devo reconhecer que talvez tenha sido um ato de fraqueza meu, ou talvez tenha sido a simpatia que a figura de Gramsci inspirava, com sua grande lealdade e inteligência expressas pelos seus olhos azuis, mas lhe disse: 'Tudo bem, Antonio, fique tranquilo, não direi nada'. E jamais ataquei Gobetti". Sergio Zavoli, *Nascita di una dittatura* [Nascimento de uma ditadura] (Turim, Sei, 1973), p. 189. (N. E. O.)

vínculos mais complexos, punham a questão meridional num terreno diverso daquele tradicional, nela introduzindo o proletariado do Norte: entre esses intelectuais, Guido Dorso é a figura mais completa e interessante. Por que deveríamos lutar contra o movimento de *La Rivoluzione Liberale*? Talvez por não ser ele constituído por comunistas puros, que tivessem aceitado, de A a Z, nosso programa e nossa doutrina? Isso não podia ser exigido, já que teria sido política e historicamente um paradoxo.

Os intelectuais se desenvolvem lentamente, muito mais que qualquer outro grupo social, por causa de sua própria natureza e de sua função histórica. Eles representam toda a tradição cultural de um povo, desejam resumir e sintetizar toda a história. E isso vale, sobretudo, para o velho tipo de intelectual, aquele nascido no terreno camponês. Supor que ele possa, enquanto massa, romper com todo o passado para se pôr completamente no terreno de uma nova ideologia é absurdo. É absurdo para os intelectuais enquanto conjunto; e talvez seja absurdo também para muitíssimos intelectuais tomados individualmente, apesar de todos os esforços honestos que eles fazem e desejam fazer nesse sentido. Ora, os intelectuais nos interessam enquanto massa, não só enquanto indivíduos. Decerto, é importante e útil para o proletariado que um ou mais intelectuais adiram individualmente a seu programa e sua doutrina, confundam-se com o proletariado, tornem-se e se sintam partes dele. O proletariado, como classe, é pobre de elementos organizativos; não tem e não pode formar um estrato próprio de intelectuais a não ser bem lentamente, de modo trabalhoso e só depois da conquista do poder estatal. Mas é também importante e útil que, na massa dos intelectuais, ocorra uma fratura de caráter orgânico, historicamente caracterizada; ou seja, que se crie, como formação de massa, uma tendência de esquerda, no significado moderno da palavra, isto é, uma tendência orientada ao proletariado revolucionário. A aliança entre proletariado e massas camponesas exige essa formação; e tanto mais a exige a aliança entre o proletariado e as massas camponesas do Sul. O proletariado destruirá o bloco agrário meridional na medida em que conseguir, com seu partido, organizar em formações autônomas e independentes massas cada vez mais notáveis de camponeses pobres; mas o êxito maior ou menor dessa sua inescapável tarefa será também determinado, ainda que subordinadamente, por sua capacidade de desagregar o bloco intelectual que é a armadura – flexível, mas extraordinariamente resistente – do bloco agrário. Na solução dessa tarefa, o proletariado foi ajudado por Piero Gobetti. E acreditamos que os amigos do falecido, mesmo sem sua direção, darão prosseguimento à obra empreendida, uma obra gigantesca e difícil, mas precisamente por isso digna de todos os sacrifícios (até mesmo da vida, como foi o caso de Gobetti) por parte daqueles intelectuais (bem mais numerosos do que se imagina), nortistas e sulistas, que compreenderam que só são amplamente nacionais e portadoras do futuro duas forças sociais: o proletariado e os camponeses.

CRONOLOGIA — VIDA E OBRA

Vida de Gramsci	Eventos históricos
1891	
Em 22 de janeiro, nasce Antonio Gramsci na cidade de Ales, província de Cagliari, na Sardenha. O pai, Francesco Gramsci, nascido em Gaeta, na região do Lazio, era funcionário de cartório. Sua mãe, Giuseppina Marcias, era natural de Ghilarza, na Sardenha.	Em 24 de fevereiro, é promulgada a primeira Constituição da história do Brasil depois da Proclamação da República. Em maio, Giuseppe De Felice Giuffrida funda o primeiro Fascio Siciliani dei Lavoratori [Agrupamento siciliano dos trabalhadores], movimento de inspiração libertária e socialista. No mesmo mês, o papa Leão XIII proclama a encíclica *Rerum novarum* a respeito das relações entre capital e trabalho.
1898	
O pai de Gramsci é acusado de irregularidade administrativa, afastado do emprego e preso. A mãe, com os sete filhos, se transfere para Ghilarza, onde Gramsci frequenta a escola elementar.	Em 13 de janeiro, Émile Zola publica sua carta aberta *J'Accuse*, a respeito do Caso Dreyfus. Em 1º de março, é criado o Partido Operário Social-Democrata Russo (POSDR).
1903	
Com onze anos de idade, depois de concluir o ensino elementar, começa a trabalhar no cartório de Ghilarza.	Em julho-agosto, ocorre o II Congresso do POSDR. Em novembro o partido se divide em duas alas: a maioria (bolcheviques) e a minoria (mencheviques).

Vida de Gramsci	Eventos históricos
1905-1908	
Retoma os estudos e conclui os últimos três anos do ensino fundamental na cidade de Santu Lussurgiu, perto de Ghilarza. Começa a ler a imprensa socialista. Em 1908, inicia o ensino médio em Cagliari, no liceu clássico Giovanni Maria Dettori. Vive com o irmão Gennaro, que trabalha em uma fábrica de gelo e é membro do Partido Socialista Italiano (PSI).	Em 9 de janeiro (22 de janeiro no calendário gregoriano), as tropas do tsar reprimem violentamente uma manifestação de trabalhadores, dando início a uma revolução na Rússia.
1910	
Publica seu primeiro artigo no jornal *L'Unione Sarda*, de Cagliari.	Em 20 de novembro, tem início a Revolução Mexicana.
1911	
Termina o ensino médio e obtém uma bolsa de estudos que lhe permite inscrever-se no curso de filologia moderna na Faculdade de Filosofia e Letras da Universidade de Turim. Conhece Angelo Tasca.	Em 29 de setembro, tem início a ofensiva militar italiana para a conquista da Líbia.
1912	
Conhece Palmiro Togliatti e aproxima-se dos professores Matteo Bartoli (glotologia) e Umberto Cosmo (literatura italiana). No outono, é aprovado nos exames de geografia, glotologia e gramática grega e latina.	

Vida de Gramsci	Eventos históricos
1913 Em 5 de fevereiro, com o pseudônimo Alfa Gamma, publica o artigo "Pela verdade", no *Corriere Universitario*. Em outubro, adere ao Grupo de Ação e Propaganda Antiprotecionista em Ghilarza e acompanha a campanha eleitoral na Sardenha. Inscreve-se na seção turinesa do PSI. Sua saúde precária o impede de prestar os exames na universidade.	
1914 Em março e abril, presta os exames de filosofia moral, história moderna e literatura grega. É leitor de *La Voce*, revista de Giuseppe Prezzolini, e de *L'Unità*, de Gaetano Salvemini. Planeja fundar uma revista socialista. Publica "Neutralidade ativa e operante", seu primeiro artigo no jornal *Il Grido del Popolo*, em 31 de outubro, defendendo uma orientação política próxima à do então socialista Benito Mussolini. O artigo recebe fortes críticas e Gramsci suspende sua colaboração com a imprensa socialista. Em novembro, presta o exame de línguas neolatinas.	Depois do assassinato de três manifestantes antiguerra na cidade de Ancona, tem lugar uma insurreição popular que chega até Turim, conhecida como a "Semana Vermelha" (7 a 14 de junho). A Confederação Geral do Trabalho convoca uma greve geral, que dura dois dias. Em 28 de junho, é assassinado em Sarajevo o arquiduque Francisco Fernando, herdeiro do trono do Império Austro-Húngaro. No dia 28 de julho, ocorre a invasão austro-húngara da Sérvia. Tem início a Primeira Guerra Mundial. A Itália permanece neutra no conflito. Em 4 de agosto, o Partido Social-Democrata Alemão, contrariando as resoluções antimilitaristas do movimento socialista, vota favoravelmente aos créditos de guerra. O episódio marca o que Lênin denominou a "falência da Segunda Internacional".

Vida de Gramsci	Eventos históricos
	Em 18 de outubro, Mussolini publica no *Avanti!* o artigo "Da neutralidade absoluta à neutralidade ativa e operante", no qual defende a entrada da Itália na guerra. Em 15 de novembro, funda o jornal *Il Popolo d'Italia* e, em 29 de novembro, é expulso do PSI.
1915	
Presta em abril seu último exame na faculdade (literatura italiana), abandonando o curso sem obter o título. Em outubro, volta a publicar no jornal *Il Grido del Popolo*. Em dezembro, começa a colaborar com a edição turinesa do jornal *Avanti!*.	A Itália entra na guerra ao lado da França, da Inglaterra e da Rússia. Uma forte campanha antigermânica tem lugar na Itália.
1917	
Em fevereiro, redige sozinho e publica o número único do jornal *La Città Futura*, órgão da Federação Socialista Juvenil do Piemonte. Em outubro, após a prisão de seus companheiros, torna-se secretário da seção turinesa do PSI e passa a dirigir o jornal *Il Grido del Popolo*. Em novembro participa em Florença de uma reunião clandestina da fração intransigente revolucionária do PSI, à qual também comparecem o líder da corrente maximalista, Giacinto Menotti Serrati, e o dirigente dos abstencionistas, Amadeo Bordiga.	Em 23 de fevereiro (8 de março, no calendário gregoriano), tem início a Revolução Russa. Em 13 de agosto, ocorre uma grande manifestação socialista em Turim, de apoio à Revolução Russa. Dias depois, entre 23 e 26 de agosto, uma revolta contra a carestia agita a cidade. A reação é forte e um grande número de dirigentes socialistas é preso. Em 25 de outubro (7 de novembro, no calendário gregoriano), os sovietes, liderados pelos bolcheviques, conquistam o poder na Rússia. No início de novembro, o exército italiano sofre uma fragorosa derrota na Batalha de Caporetto. Mais de 250 mil italianos são

Vida de Gramsci	Eventos históricos
	aprisionados. A derrota leva à queda do governo liderado por Paolo Boselli e ao afastamento do comando do general Luigi Cadorna.
1918	
Em fevereiro, é denunciado na Procuradoria real por propaganda contra a guerra. Em dezembro conhece Piero Gobetti.	Em outubro, deixa de ser publicado *Il Grido del Popolo*, substituído pela edição piemontesa do *Avanti!*. Em 29 de outubro, um motim de marinheiros detona a Revolução Alemã; em 9 de novembro, a República é proclamada.
1919	
Em abril, desenvolve propaganda da Brigada Sassari entre os soldados sardos, enviados a Turim para reprimir os grevistas. Em 1º de maio, sai o primeiro número da revista *L'Ordine Nuovo*, com o subtítulo *Rassegna settimanale di cultura socialista*. Gramsci é o secretário e dirige a publicação com Angelo Tasca, Palmiro Togliatti e Umberto Terracini. No mesmo mês, é eleito para a Comissão Executiva do PSI de Turim. Em julho, é preso durante uma greve de apoio às repúblicas socialistas da Rússia e da Hungria e liberado logo depois. Em outubro, conhece a socialista inglesa Sylvia Pankhurst.	Em janeiro, ocorre o levante espartaquista na Alemanha. O primeiro-ministro social-democrata autoriza as Freikorps a atacar os espartaquistas. Em 15 de janeiro, Rosa Luxemburgo e Karl Liebknecht são sequestrados e executados pelas Freikorps. De 2 a 6 de março, reúne-se em Moscou o Congresso de Fundação da Internacional Comunista (IC). Em 21 de março, é proclamada a República Soviética da Hungria, a qual duraria até o dia 1º de agosto. Em 23 de março, em Milão, Mussolini cria os *Fasci italiani di combattimento* [Agrupamentos italianos de combate]. Em 12 de setembro, uma expedição liderada pelo poeta Gabriele D'Annunzio ocupa a cidade de Fiume, motivo de disputa entre a Itália e a Iugoslávia.

Vida de Gramsci	Eventos históricos
	No Congresso de Bolonha (5 a 8 de outubro), o PSI vota sua adesão à IC. Em novembro, a assembleia da Federazione Italiana Operai Metallurgici (Federação Italiana dos Operários Metalúrgicos, FIOM) aprova a criação dos conselhos operários propostos pelo jornal *L'Ordine Nuovo*.
1920	
Em janeiro, cria, em Turim, o Círculo Socialista Sardo. No dia 8 de maio, publica a moção "Por uma renovação do Partido Socialista", a qual havia sido apresentada no Conselho Nacional do PSI, em abril. No mesmo mês, participa como observador da Conferência da Fração Comunista Absenteísta, liderada por Bordiga. Discorda de Togliatti e Terracini sobre questões de estratégia e cria um pequeno círculo de "Educação comunista", próximo às posições da fração abstencionista de Bordiga. Em setembro, engaja-se no movimento de ocupações de fábricas. Em novembro, participa do encontro de Ímola, que constitui oficialmente a Fração Comunista do PSI.	O II Congresso da IC é realizado entre 19 de julho e 7 de agosto. São aprovadas as 21 condições para a admissão na IC; Serrati se opõe. Lênin afirma que a moção escrita por Gramsci ("Por uma renovação do Partido Socialista") está "plenamente de acordo com os princípios da Internacional". Em 27 de dezembro, chega ao fim a aventura d'annunziana em Fiume.
1921	
Em 1º de janeiro, é publicado em Turim o primeiro número do jornal diário *L'Ordine Nuovo*, sob a direção de Gramsci.	De 15 a 21 de janeiro, ocorre, em Livorno, o XVII Congresso do PSI. A Fração Comunista é derrotada e seus delegados decidem fundar, no dia 21, o Partido

Vida de Gramsci	Eventos históricos
No dia 14, funda o Instituto de Cultura Proletária, seção da Proletkult de Moscou. Em 21 de janeiro, é eleito para o Comitê Central do novo Partido Comunista da Itália (PCd'I), mas não para seu Executivo. Em 31 de janeiro, *L'Ordine Nuovo* começa a ser publicado com o subtítulo "*Quotidiano del Partito Comunista*". Em 27 de fevereiro, conhece Giuseppe Prezzolini, antigo editor da influente revista *La Voce*. Em abril tenta encontrar-se com Gabriele D'Annunzio, sem sucesso. Em maio se candidata a deputado na lista do PCd'I, obtendo 48.280 votos, mas não se elege.	Comunista da Itália, seção da Internacional Comunista. Nas eleições de 15 de maio, os nacionalistas antissocialistas elegem 105 deputados, 35 dos quais fascistas, dentre eles Mussolini. De 22 de junho a 12 de julho, reúne-se o III Congresso da Internacional Socialista. No dia 7 de novembro, os *Fasci Italiani di combattimento* realizam seu III Congresso e fundam o Partito Nazionale Fascista [Partido Nacional Fascista].
1922	
Participa em Roma do II Congresso do PCd'I, no qual a fração de Bordiga obtém ampla maioria. Gramsci é designado representante do partido no Comitê Executivo da IC, em Moscou, e parte para a cidade em 26 de maio. Em junho, começa a fazer parte do Executivo e do Presidium da IC. Em 18 de julho, durante um período de repouso no sanatório de Serebrianii Bor, conhece Eugenia Schucht. No segundo semestre, participa regularmente das reuniões do Presidium e em 1º de setembro é	Os fascistas realizam a Marcha sobre Roma em 28 de outubro. No dia seguinte, o rei Vittorio Emanuele III convoca Benito Mussolini para chefiar o governo. O IV Congresso da Internacional Comunista, realizado nos meses de novembro e dezembro, aprova a proposta de fusão entre o PCd'I e o PSI e a tática da frente única. Os delegados do PCd'I são contrários à fusão, mas se submetem à disciplina da IC e aceitam a proposta.

Vida de Gramsci	Eventos históricos
indicado membro da Comissão sobre Questões Sul-Americanas. No dia 8, escreve, a convite de Leon Trótski, uma carta sobre os futuristas italianos. Nesse mesmo mês, conhece sua futura esposa, Julia Schucht. De 5 de novembro a 5 de dezembro, comparece ao IV Congresso da Internacional Comunista. Participa das reuniões que discutem a fusão com o PSI e também da comissão que analisa a adesão do Partido Comunista do Brasil.	
1923	
Recebe telegrama, no dia 17 de janeiro, no qual é informado de que a polícia havia emitido um mandado de prisão contra ele na Itália. Em junho, é substituído por Terracini no Presidium da IC. No dia 12 de setembro, propõe, em carta ao Comitê Executivo do PCd'I, a criação de um jornal diário chamado *L'Unità*. Insiste na importância da questão meridional e na aliança entre operários e camponeses. Em novembro, Gramsci se recusa a assinar o manifesto de Bordiga contra a IC. No dia 4 de dezembro, chega a Viena com o propósito de estabelecer o contato do PCd'I com outros partidos comunistas europeus.	A polícia prende vários milhares de comunistas e dezenas de dirigentes, dentre eles Amadeo Bordiga. Em setembro, o mesmo Bordiga lança um manifesto com críticas à IC. Em 13 de setembro, na Espanha, Primo de Rivera lidera um golpe de Estado que dissolve o Parlamento e institui uma ditadura.

Vida de Gramsci	Eventos históricos
1924	
Em carta a Togliatti e Terracini, do dia 9 de janeiro, expõe sua concepção de partido e a intenção de criar um novo grupo dirigente comunista, mais alinhado com a IC. Publica em *L'Ordine Nuovo* o artigo "Líder", sobre Lênin. No dia 6 de abril, é eleito deputado pelo distrito do Vêneto, com 1.856 votos dos 32.383 que o PCd'I obtém na região. No dia 12 de maio, regressa à Itália para assumir sua cadeira de deputado. Participa da II Conferência do PCd'I. Entra para o Comitê Executivo do Partido, mas o grupo liderado por Bordiga permanece majoritário. Em agosto, após a adesão dos socialistas ao partido, Gramsci assume sua secretaria-geral. Em Moscou, Julia dá à luz seu primeiro filho, Delio.	Em 21 de janeiro, morre Lênin. Em 12 de fevereiro, sai o primeiro número do diário *L'Unità*. No dia 1º de março, sai o primeiro número do quinzenário *L'Ordine Nuovo. Rassegna di politica e di cultura operaria.* Em 10 de junho, é sequestrado o deputado italiano socialista Giacomo Matteotti, depois de pronunciar um duro discurso contra o governo fascista. Seu corpo é encontrado em 16 de agosto. A oposição parlamentar se retira do Parlamento e tem início uma profunda crise política que coloca sob ameaça o governo. Em junho-julho, ocorre o V Congresso da IC, o qual aprova a "bolchevização dos partidos comunistas" e reafirma a tática da frente única. Em agosto, a fração do PSI favorável à IC se dissolve e entra no PCd'I.
1925	
Em fevereiro, organiza uma escola do partido por correspondência. No mesmo mês, conhece Tatiana "Tania" Schucht, sua cunhada. Em março, viaja para Moscou para participar da reunião do Comitê Executivo da IC. Em 16 de maio, pronuncia seu único discurso na Câmara dos Deputados, sobre	Em 3 de janeiro, Mussolini pronuncia discurso assumindo a responsabilidade pela crise política e ameaçando a oposição, a qual não reage. Nos meses seguintes, são emitidos decretos e aprovadas leis que levam à rápida fascistização do Estado.

Vida de Gramsci	Eventos históricos
a proibição da maçonaria e das sociedades secretas. Julia e Delio chegam a Roma.	
1926	
Participa do III Congresso do Partido Comunista e apresenta as teses sobre a situação nacional que redigiu juntamente com Togliatti (Teses de Lyon). É eleito para o Comitê Executivo do PCd'I. Em agosto, Julia, grávida, volta a Moscou com Delio. Em 14 de outubro, Gramsci envia carta ao Comitê Central (CC) do PC Russo sobre a luta fracional no partido. Embora não se alinhe com a oposição de Trótski, Zinóviev e Kámeniev, faz duras críticas aos métodos burocráticos do grupo de Stálin e Bukhárin. Na Rússia, Togliatti se opõe ao conteúdo da carta e uma áspera troca de correspondência tem lugar. Redige *Alguns temas da questão meridional*. No início de novembro, é abordado pela polícia em Milão e não consegue participar da reunião do CC que discutiria a questão russa. No dia 8 de novembro, na esteira da onda repressiva decorrente do atentado a Mussolini, é preso pela polícia fascista e conduzido ao cárcere de Regina Coeli. No dia 18, é condenado ao confinamento por cinco anos.	Em 31 de outubro, um estranho atentado contra a vida de Mussolini ocorre em Bolonha. O suposto autor, um jovem de quinze anos de uma família anarquista, é imediatamente linchado por fascistas. O atentado fornece o pretexto para as leis "fascistíssimas" de novembro, dentre as quais a supressão dos partidos e dos jornais antifascistas e a criação de uma polícia política. De 1º a 3 de novembro, ocorre uma reunião do CC do PCd'I com a participação de Humbert-Droz, representante da IC, para discutir as lutas internas no partido bolchevique.

Vida de Gramsci	Eventos históricos
Chega no dia 7 de dezembro à ilha de Ustica.	
1927	
Em 20 de janeiro, é transferido para o cárcere de San Vittore, em Milão, onde chega após dezenove dias de viagem. Em fevereiro, é autorizado a ler jornais e livros. No dia 19 de março, comunica à cunhada Tatiana seu plano de realizar um estudo *für ewig* [para sempre] sobre alguns temas.	Em dezembro, o XV Congresso do Partido Comunista da União Soviética, na época chamado Partido Comunista de toda a União (bolchevique), expulsa a Oposição de Esquerda e Trótski é enviado para o exílio em Alma-Ata, no Cazaquistão.
1928	
Recebe uma carta do líder comunista Ruggero Grieco, com informações políticas. O promotor lhe convence de que a carta mostra que "tem amigos que querem prejudicá-lo". A carta estimula sua desconfiança contra o grupo dirigente do PCd'I e, particularmente, Togliatti. No dia 11 de maio, é conduzido a julgamento em Roma. No dia 4 de junho, o Tribunal Especial o condena a vinte anos, quatro meses e cinco dias de reclusão. Em 19 de julho, chega à Casa Penal Especial de Turi, na província de Bari, onde partilha uma cela com cinco outros presos. Em agosto, é transferido para uma cela individual. Em dezembro, sofre uma crise de uricemia.	Em fevereiro, o IX Pleno do Comitê Executivo da IC (CEIC) vota a política do Terceiro Período, caracterizado pelo colapso do capitalismo e pela iminência da revolução mundial. O VI Congresso da IC, realizado em julho-agosto, ratifica a política do CEIC.

Vida de Gramsci	Eventos históricos
1929	
Recebe permissão para escrever e começa a fazer traduções. No dia 8 de fevereiro, começa a redação do *Primeiro caderno*, com um elenco de temas sobre os quais desejava pesquisar e escrever. No dia 25 de março, comunica a Tatiana seu plano de estudos: "Decidi ocupar-me predominantemente e tomar notas sobre estes três assuntos: 1) A história italiana no século XIX, com especial referência à formação e ao desenvolvimento dos grupos intelectuais; 2) A teoria da história e da historiografia; 3) O americanismo e o fordismo".	Em julho, o X Pleno do CEIC aprova resolução segundo a qual em "países nos quais há partidos social-democratas fortes, o fascismo assume a forma particular de social-fascismo". Decide-se pelo afastamento de Nikolai Bukhárin e Jules Humbert-Droz da direção da IC. Na reunião, o PCd'I é acusado de ter agido de modo benevolente com a "oposição de direita", representada por Angelo Tasca. Palmiro Togliatti e Ruggero Grieco se alinham no Pleno à maioria stalinista. Reunido em agosto, o secretariado político do PCd'I realiza a autocrítica exigida e adota as teses da IC sobre o social-fascismo. Na reunião do CC de setembro, é abandonada a palavra de ordem da Assembleia Republicana e Tasca é expulso do partido. Em outubro, ocorre o colapso da bolsa de valores de Nova York e tem início a Grande Depressão econômica mundial.
1930	
Em junho, recebe a visita do irmão Gennaro, enviado pela direção do PCd'I para informá-lo a respeito da expulsão de Leonetti, Tresso e Ravazzoli, acusados de trotskistas, e saber sua opinião a respeito. Em agosto, pede que o irmão Carlo solicite permissão para que possa ler alguns livros de Trótski, mas sua carta é apreendida pelo diretor da prisão. Em	Em março, o CC do PCd'I expulsa Amadeo Bordiga, acusado de trotskismo. Em 9 de junho, Alfonso Leonetti, Pietro Tresso e Paolo Ravazzoli também são expulsos do partido sob a mesma acusação. Em 3 de outubro, tem início a chamada Revolução de 1930 no Brasil.

Vida de Gramsci	Eventos históricos
novembro, inicia discussões com seus colegas de prisão e manifesta discordância com a nova linha política do PCd'I, o qual havia abandonado a política da frente única. Nesse contexto, passa a defender a convocação de uma Assembleia Constituinte. Nessas discussões, enfrenta forte oposição dos presos alinhados com a direção do partido. Em novembro, escreve rapidamente a respeito dos "movimentos militares-populares na Argentina, no Brasil, Peru e México", uma das poucas referências ao Brasil nos *Cadernos do cárcere*.	
1931	
Em 3 de agosto, tem uma grave crise de saúde. Em outubro, envia petição ao governo solicitando permissão para continuar a receber e ler algumas revistas. Em dezembro, a petição é parcialmente aceita.	Em abril, é realizado, na Alemanha, o IV Congresso do PCd'I, o qual consolida a nova política, alinhada com o giro esquerdista da IC e a política do social-fascismo.
1932	
É projetada uma troca de prisioneiros entre a Itália e a União Soviética, a qual permitiria sua libertação, mas o plano não prospera. Em 15 de setembro, Tatiana encaminha petição ao governo para que Gramsci receba a visita de um médico de	Em 7 de julho, Antonio de Oliveira Salazar torna-se presidente do Conselho de Ministros e, no ano seguinte, instaura o Estado Novo.

Vida de Gramsci	Eventos históricos
confiança a fim de avaliar sua situação. Em outubro, é visitado por um médico do sistema prisional. Em novembro, sua pena é reduzida para dezesseis meses. Piero Sraffa tenta conseguir a liberdade condicional para Gramsci, mas o governo insiste que o prisioneiro peça clemência. No dia 30 de dezembro, morre a mãe de Gramsci, mas a notícia só lhe será transmitida pela família meses depois.	
1933	
Em fevereiro, o governo concede que seja visitado por um médico de sua confiança. Em 7 de março, tem uma nova crise de saúde. Passa a ser cuidado pelo comunista Gustavo Trombetti e por outro operário preso. É revogada momentaneamente a permissão para escrever. No dia 20 de março, recebe a visita do médico Umberto Arcangeli, que sugere um pedido de clemência, ao qual Gramsci se opõe mais uma vez. Em seu relatório, Arcangeli registra: "Gramsci não poderá sobreviver muito tempo nas condições atuais; considero necessária sua transferência para um hospital civil ou uma clínica, a menos que seja possível conceder-lhe a liberdade condicional". Em julho,	Em 30 de janeiro, o Partido Nacional-Socialista dos Trabalhadores Alemães (NSDAP) chega ao poder na Alemanha e Adolf Hitler assume o posto de chanceler. Em maio, o relatório do doutor Arcangeli é publicado no jornal *L'Humanité*, de Paris, e é constituído um comitê para a liberação de Gramsci e dos prisioneiros do fascismo, do qual fazem parte Romain Rolland e Henri Barbusse.

Vida de Gramsci	Eventos históricos
pede a Tatiana que intensifique os esforços para conseguir sua transferência para a enfermagem de outra prisão. Em outubro, as autoridades acolhem o pedido de transferência. Em 19 de novembro, é transferido provisoriamente para a enfermaria da prisão de Civitavecchia e, em 7 de dezembro, passa, definitivamente, para a clínica do doutor Giuseppe Cusumano, em Formia. Recebe as visitas do irmão Carlo e de Sraffa. Volta a ler, mas as condições de saúde não lhe permitem escrever.	
1934	
Em 25 de outubro, recebe a liberdade condicional. Desde fevereiro, tem início o processo de aproximação entre comunistas e socialistas ao modo de pactos de unidade de ação. Em setembro, esses pactos já existiam na França, na Áustria, na Itália e na Espanha. Na Itália foi firmado em 17 de agosto.	Em setembro, Romain Rolland publica o folheto *Antonio Gramsci: ceux qui meurent dans les prisons de Mussolini* [Antonio Gramsci: aqueles que morrem nas prisões de Mussolini].
1935	
Em junho, sofre nova crise e solicita ser transferido para outra clínica. Em 24 de agosto, é transferido para a clínica Quisisana, de Roma, onde passa	Realizado entre julho e agosto, o VII Congresso da IC confirma o abandono da linha do "social-fascismo", ocorrida já no ano anterior e passa a propugnar a linha da frente popular antifascista.

Vida de Gramsci	Eventos históricos
a receber os cuidados de Tatiana. Recebe visitas frequentes do irmão Carlo e de Sraffa.	Em 3 de outubro, a Itália invade a Etiópia.
1936	
Retoma a correspondência com a esposa e o filho.	Em 16 de fevereiro, a Frente Popular obtém a maioria eleitoral na Espanha, e Manuel Azaña, da Izquierda Republicana [Esquerda Republicana], assume a presidência do Conselho de Ministros. Em 17 de julho, ocorre uma tentativa de golpe militar contra o governo espanhol; após seu fracasso tem início a Guerra Civil Espanhola. Em maio, o Front populaire [Frente popular], uma coalizão de partidos de esquerda liderada pelo socialista Léon Blum, vence as eleições na França e assume o governo.
1937	
Em abril, Gramsci adquire a liberdade plena e planeja voltar à Sardenha para se recuperar. Em 25 de abril, sofre uma hemorragia cerebral e morre no dia 27. Suas cinzas são transferidas no ano seguinte para o Cemitério Acatólico para Cidadãos Estrangeiros de Testaccio, em Roma.	Em 8 de março, a Luftwaffe, apoiando os monarquistas liderados por Francisco Franco, bombardeia a cidade de Guernica, na Espanha. No dia 9 de junho, são assassinados na França os antifascistas italianos Nello e Carlo Rosseli. Em 6 de novembro, a Itália passa a fazer parte do Pacto Anticomintern, ao lado da Alemanha e do Japão.

SOBRE A COLEÇÃO ESCRITOS GRAMSCIANOS

Vozes da terra reúne textos datados de 1916 a 1926. Compõe, com *Odeio os indiferentes* (2020), *Homens ou máquinas?* (2021) e *Os líderes e as massas* (2023), a coleção Escritos Gramscianos, acrescentando assuntos que perpassam a relação entre Norte e Sul da Itália. Nosso objetivo é divulgar, com o devido cuidado editorial, uma voz que o fascismo tentou calar muito cedo e que, no entanto, repercute através dos tempos e tem muito a dizer para atuais e futuras gerações.

Reuters/Mohammed Salem

Bombardeio aéreo israelense em Khan Younis, sul de Gaza, em 27/10/2023, deixa um rastro de destruição.

Publicado um mês após o ataque do grupo palestino Hamas a Israel, no dia 7 de outubro – que escalou para uma sequência bárbara de crimes perpetrada pelo exército de Israel, deixando muitos milhares de mortos na Faixa de Gaza e sem previsão de se encerrar –, este livro foi composto em Minion Pro, corpo 12/17, e impresso em papel Pólen Natural 80 g/m² pela gráfica Rettec para a Boitempo, em novembro de 2023, com tiragem de 4 mil exemplares.